釣れる仕掛け
最新ガイド

目次

I 海釣り

アイナメ	6
アコウダイ	8
アジ①	10
アジ②	12
アナゴ	14
アマダイ	16
イカ（アオリイカ）①	18
イカ（アオリイカ）②	20
イカ（ケンサキイカ）	22
イカ（コウイカ）	24
イカ（スルメイカ）	26
イサキ	28
イシダイ	30
ウミタナゴ	32
カサゴ	34
カツオ	36
カレイ	38
カワハギ	40
カンパチ	42
キンメダイ	44
クロダイ①	46
クロダイ②	48
サバ	50
サヨリ	52
シマアジ	54
シロギス	56
スズキ①	58
スズキ②	60
タカベ	62
タコ（マダコ）	64
タコ（イイダコ）	66

Contents

タチウオ	68
ニベ・イシモチ	70
ハゼ①	72
ハゼ②	74
ヒラマサ	76
ヒラメ	78
ブダイ	80
ブリ(イナダ)	82
ボラ	84
マゴチ	86
マダイ①	88
マダイ②	90
メジナ	92
メバル①	94
メバル②	96

Ⅱ 川釣り

アユ	98
イワナ	100
ウグイ	102
オイカワ	104
コイ	106
タナゴ	108
テナガエビ	110
ニジマス	112
ブラックバス	114
ヘラブナ	116
マブナ①	118
マブナ②	120
モツゴ・モロコ	122
ヤマメ	124
ワカサギ①	126
ワカサギ②	128

目次

Ⅲ 付録

危険な魚	130
魚の締め方	132
釣魚料理・基礎編①	134
釣魚料理・基礎編②	136
釣魚料理・実践編①	138
釣魚料理・実践編②	140
結び方①	142
結び方②	144
結び方③	146
結び方④	148
結び方⑤	150
結び方⑥	152
釣りの道具（竿）	154
釣りの道具（リール）	156
釣りの道具（小物）	158
釣りの知識	160
用語集①	162
用語集②	164
用語集③	166
用語集④	168
釣行記録	170

本書の使い方・特長

・海釣り・川釣りの一般的な対象魚を選び、それぞれの代表的な釣り方を掲載しました。それぞれの魚の特徴や釣期、釣れる場所などを表などで簡単に示しています。
・魚は海・川それぞれの中でアイウエオ順で紹介しています。
・なお、仕掛けの詳細に関しては釣り場、船宿によって異なる場合があります。また、自分でいろいろと工夫してみることが上達への早道です。
・仕掛けの詳細などに関する電話でのお問い合わせには応じかねます。あらかじめご了承ください。

I 海釣り

Buri

Kurodai

Saba

Haze

Kasago

アイナメ

アブラメ、アブラコ

分布
日本各地の沿岸、中部以北に多い

エサ
イソメ類、甲殻類など

<特徴>

音や振動を感じ取る側線が5本あり、物音に敏感。岩礁帯や防波堤の捨て石や消波ブロック周りを住処としている。9～11月ごろに産卵のため浅い岩礁帯に集まる。

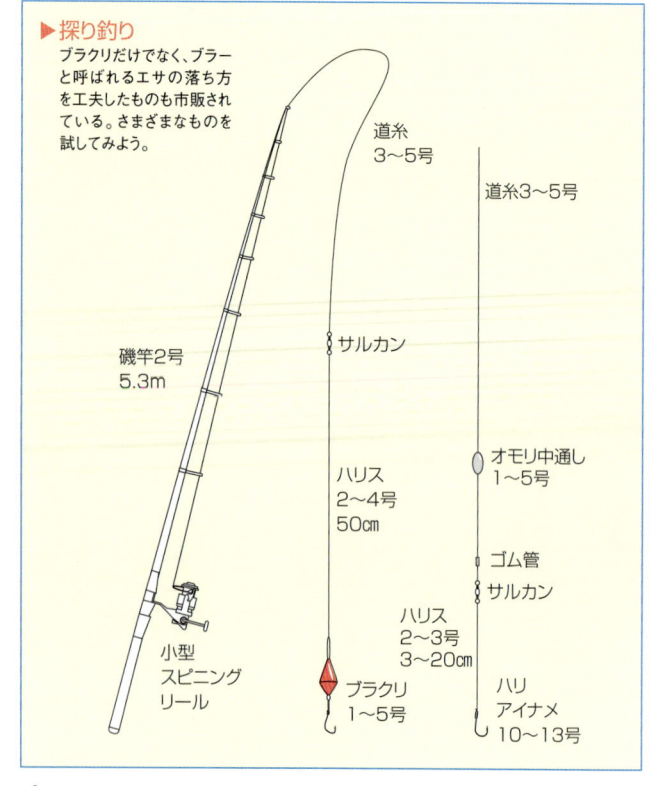

▶探り釣り

ブラクリだけでなく、ブラーと呼ばれるエサの落ち方を工夫したものも市販されている。さまざまなものを試してみよう。

磯竿2号 5.3m
小型スピニングリール

道糸 3～5号
サルカン
ハリス 2～4号 50cm
ブラクリ 1～5号

道糸 3～5号
オモリ中通し 1～5号
ゴム管
サルカン
ハリス 2～3号 3～20cm
ハリ アイナメ 10～13号

1	2	3	4	5	6	7	8	9	10	11	12
●	●	●	●	●	●				●	●	●

磯　堤　船

<釣り方のポイント>

　上から落ちてくるエサに強い関心を示して、それに飛びついて食べる習性がある。この習性を利用したのが探り釣り(ブラクリ釣り)である。ブラクリ釣りに限らず、できるだけ軽いオモリを使って、自然に落ちるエサを演出してやることが釣果を伸ばすコツだ。もっとも潮に流されてポイントをはずしてしまっては何ともならない。仕掛けを着底させたあと2～3度しゃくって誘いをかけてやる。それでもアタリがなければ次のポイントへ移る。小アタリには合わせず、大きなアタリで合わせる。

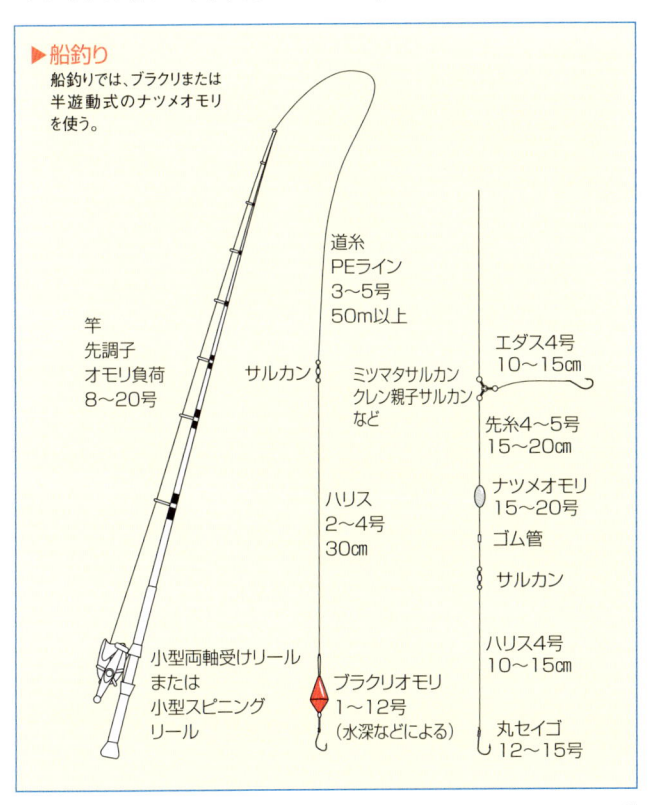

I　海釣り

▶船釣り
船釣りでは、ブラクリまたは半遊動式のナツメオモリを使う。

竿
先調子
オモリ負荷
8～20号

サルカン

道糸
PEライン
3～5号
50m以上

ミツマタサルカン
クレン親子サルカン
など

ハリス
2～4号
30cm

小型両軸受けリール
または
小型スピニング
リール

ブラクリオモリ
1～12号
(水深などによる)

エダス4号
10～15cm

先糸4～5号
15～20cm

ナツメオモリ
15～20号

ゴム管

サルカン

ハリス4号
10～15cm

丸セイゴ
12～15号

アコウダイ

アカウオ、メヌケ

分布
東北以南

エサ
イカの短冊、カツオ・サンマの切り身など

＜特徴＞

水深400〜800mの深海で、群れを作って住んでいる。3〜4月に産卵のためにやや浅いところに移動する。水圧の変化に弱く、釣り上げられると目が飛び出したようになる。

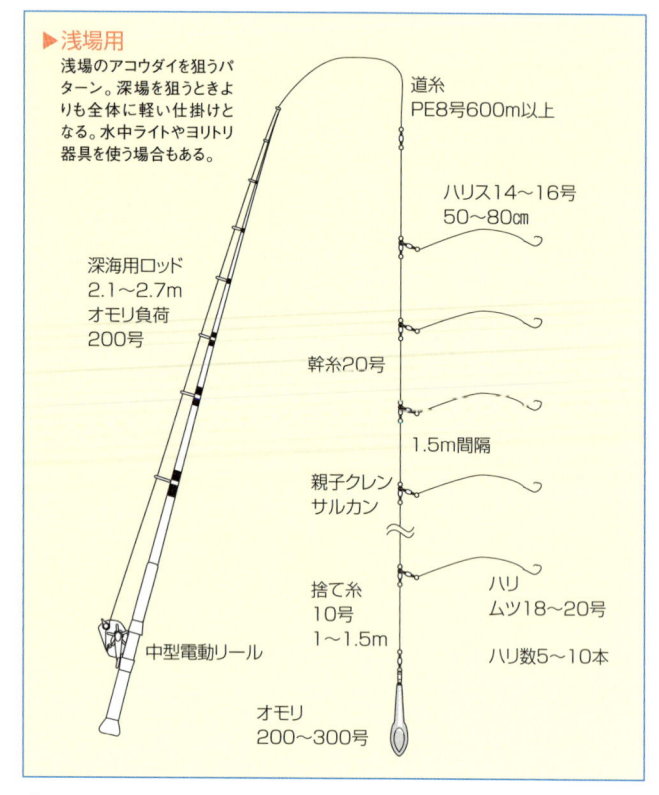

▶浅場用

浅場のアコウダイを狙うパターン。深場を狙うときよりも全体に軽い仕掛けとなる。水中ライトやヨリトリ器具を使う場合もある。

- 道糸 PE8号600m以上
- ハリス14〜16号 50〜80cm
- 深海用ロッド 2.1〜2.7m オモリ負荷200号
- 幹糸20号
- 1.5m間隔
- 親子クレンサルカン
- 捨て糸10号 1〜1.5m
- 中型電動リール
- ハリ ムツ18〜20号
- ハリ数5〜10本
- オモリ 200〜300号

1	2	3	4	5	6	7	8	9	10	11	12
○	●	●	●	●	●	○	○	○	○	●	●

船

<釣り方のポイント>

　船釣り、しかも深海釣りなので船長の指示に従うことが大事。東京湾、相模湾などでは5～10本バリが使用されるが、伊豆沖などの本格的な深海では15～20本バリが標準となる。また、ハリスはヨリが少ない太めのハリスを使用したほうが扱いやすい。フラッシュカプセル、水中ランプは効果的であるが、サメなどの外道が多いときは素早くはずすなど、臨機応変に使いたい。アタリがあれば、1度糸を送り込んでやるようにする。なお、1日の投入回数が限られているだけに、1回1回を大事にしたい。

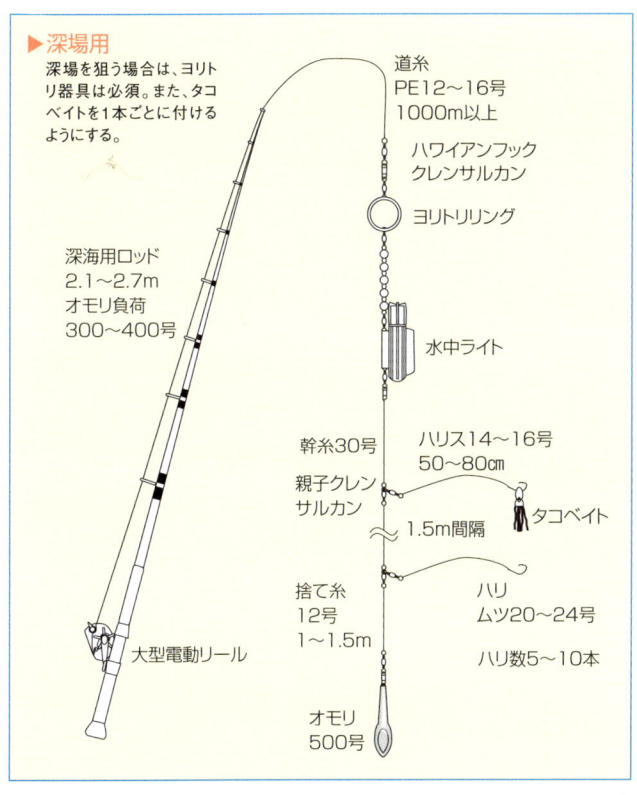

Ⅰ 海釣り

▶深場用

深場を狙う場合は、ヨリトリ器具は必須。また、タコベイトを1本ごとに付けるようにする。

- 道糸 PE12～16号 1000m以上
- ハワイアンフック クレンサルカン
- ヨリトリリング
- 水中ライト
- 深海用ロッド 2.1～2.7m オモリ負荷 300～400号
- 幹糸30号
- ハリス14～16号 50～80cm
- 親子クレンサルカン
- 1.5m間隔
- タコベイト
- 捨て糸 12号 1～1.5m
- ハリ ムツ20～24号
- ハリ数5～10本
- 大型電動リール
- オモリ 500号

アジ①

ヒラアジ、ホンアジ

分布
日本各地

エサ
オキアミ、アミエビ、ゴカイ類、小魚

<特徴>

沿岸から沖合にかけて群れを作って回遊している。体側にゼイゴ（ゼンゴ）と呼ばれるウロコの一種があるのが大きな特徴である。大型になるほど深場に移動する。

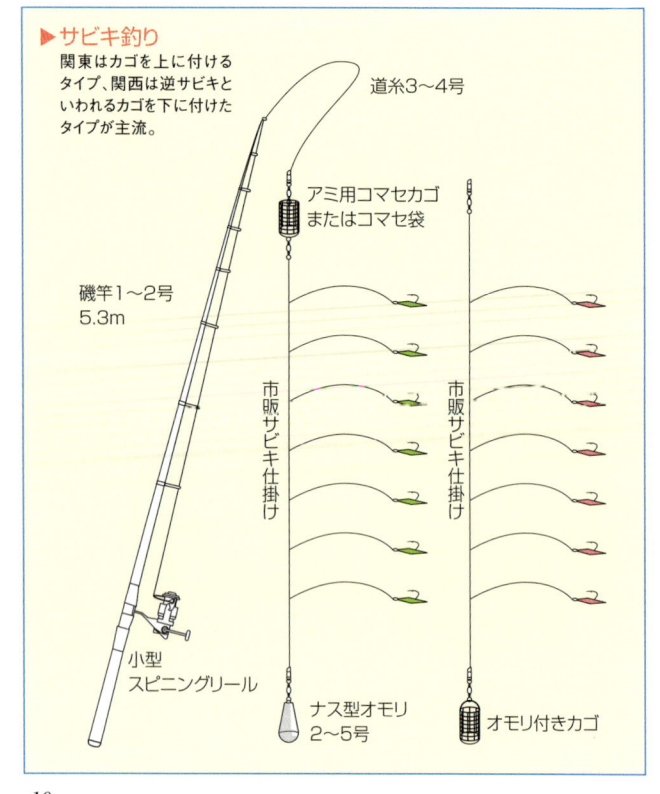

▶ サビキ釣り

関東はカゴを上に付けるタイプ、関西は逆サビキといわれるカゴを下に付けたタイプが主流。

- 道糸3〜4号
- 磯竿1〜2号 5.3m
- アミ用コマセカゴまたはコマセ袋
- 市販サビキ仕掛け
- 小型スピニングリール
- ナス型オモリ 2〜5号
- 市販サビキ仕掛け
- オモリ付きカゴ

1	2	3	4	5	6	7	8	9	10	11	12
					○	○	○	○	○	○	

磯　堤

<釣り方のポイント>

堤防釣りから船釣りまで、もっとも人気の高い釣魚といっても過言ではない。そのため、いろいろな釣法があるが、コマセをまいて、群れを集めて効率的に釣るというパターンが多い。サビキ釣りは、狙いをアジに絞るなら中層から底層を中心に攻めた方が確率が高い。また、日によって良く釣れるサビキのタイプが異なってくるので、釣れないようなら、サビキのタイプを交換してみるのもいい。スレている場合などにはトリック仕掛けというアミエビを引っ掛けて釣る仕掛けも有効。

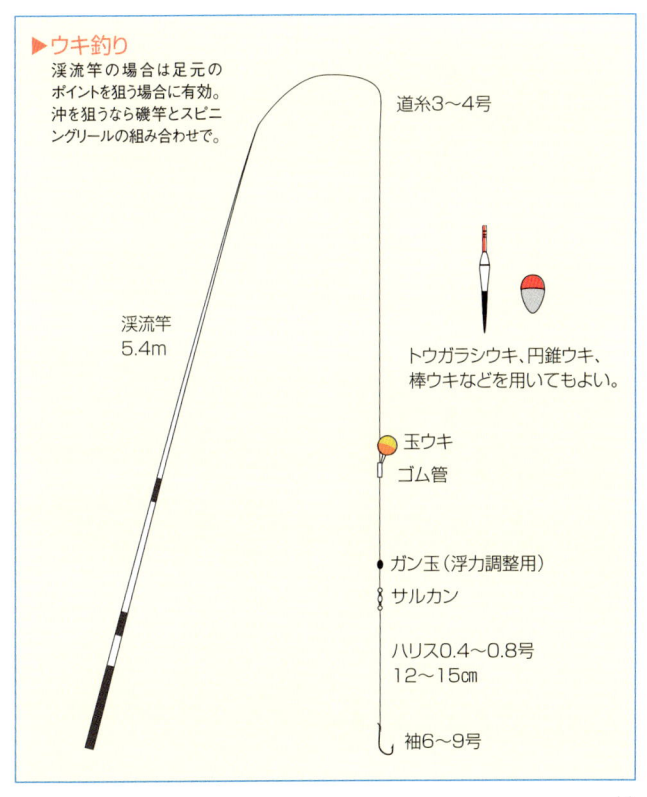

Ⅰ　海釣り

▶ウキ釣り

渓流竿の場合は足元のポイントを狙う場合に有効。沖を狙うなら磯竿とスピニングリールの組み合わせで。

道糸3～4号

渓流竿
5.4m

トウガラシウキ、円錐ウキ、棒ウキなどを用いてもよい。

玉ウキ
ゴム管

ガン玉（浮力調整用）
サルカン

ハリス0.4～0.8号
12～15cm

袖6～9号

アジ②

ヒラアジ、ホンアジ

　船釣りの場合もサビキ釣りで狙う。この場合もアジのいるタナを素早く見つけることが大事。船長の指示に従って、タナを正確に取ろう。船釣りに限らないが、1尾かかっても巻き上げずに待って、追い食いさせることも必要。強く合わせると、口が弱いアジはハリがはずれてしまう可能性が高い。コマセが途切れないようにすることも大切だ。

　サバのように横に走る魚が掛かったらオマツリしてしまう可能性が高いので、アジ以外の魚が釣れたと思ったら素早く巻き上げることが大事。

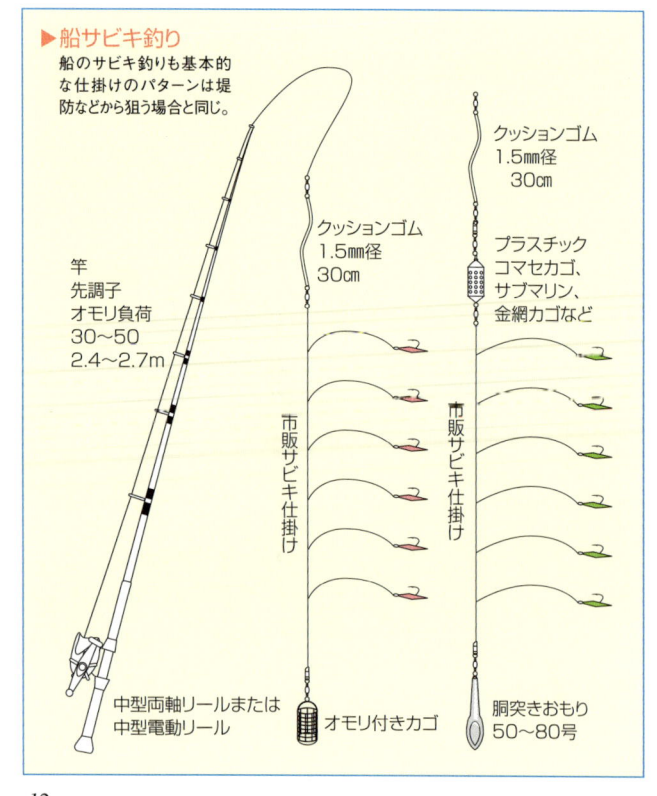

▶船サビキ釣り

船のサビキ釣りも基本的な仕掛けのパターンは堤防などから狙う場合と同じ。

竿
先調子
オモリ負荷
30～50
2.4～2.7m

中型両軸リールまたは
中型電動リール

クッションゴム
1.5mm径
30cm

市販サビキ仕掛け

オモリ付きカゴ

クッションゴム
1.5mm径
30cm

プラスチックコマセカゴ、サブマリン、金網カゴなど

市販サビキ仕掛け

胴突きおもり
50～80号

| 1 | 2 | 3 | 4 | 5 | 6 | 7 | 8 | 9 | 10 | 11 | 12 |

船

ビシとはオモリが組み込まれたコマセカゴのこと。このビシ釣りは大型のものが狙えるのが魅力。竿をあおってコマセをまきながら、そのコマセと一緒にサシエが流れるよう竿をさばく。また、サビキ釣りと同様サバなどが掛かると、オマツリしやすい。サバが多いときは、タナをあまり高く取り過ぎないこと。そして、ハリの数を減らしたり、ビーズ玉などを付けている場合はそれも取りはずすのがよい。

何より、タナ取りが釣果を左右するので、道糸は1mごとにマーキングされたものを使うとよい。

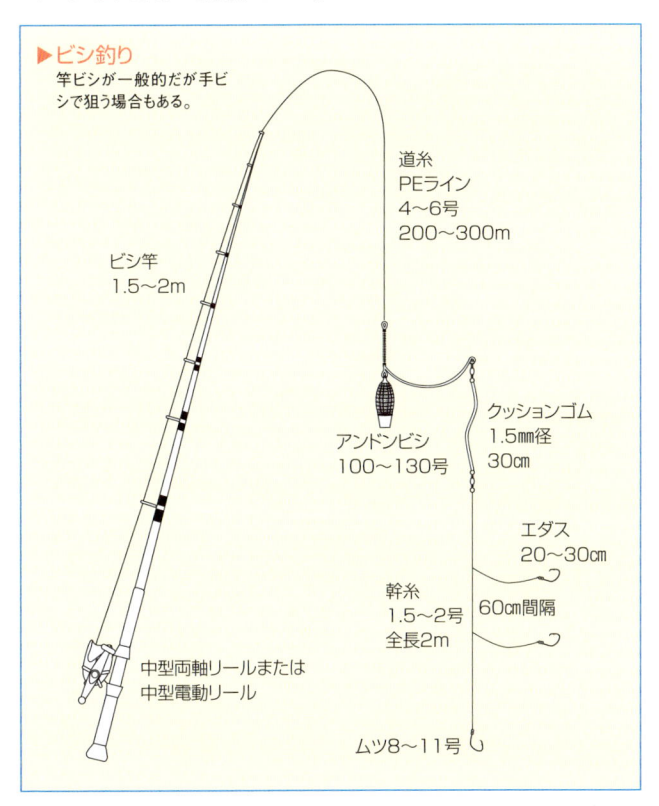

Ⅰ 海釣り

▶ビシ釣り
竿ビシが一般的だが手ビシで狙う場合もある。

- ビシ竿 1.5〜2m
- 道糸 PEライン 4〜6号 200〜300m
- アンドンビシ 100〜130号
- クッションゴム 1.5mm径 30㎝
- エダス 20〜30㎝
- 幹糸 1.5〜2号 全長2m
- 60㎝間隔
- 中型両軸リールまたは中型電動リール
- ムツ8〜11号

アナゴ

ホシアナゴ、ハカリメ

分布
北海道南部以南

エサ
イソメ類、イカの短冊、イワシ・サンマの切り身

<特徴>

ウナギに似た体型で、側線の上に2列に並んだ白点がある。沿岸の砂泥地に住んで、夜になると活発にエサを漁る。また、冬になると深場に移動する性質がある。

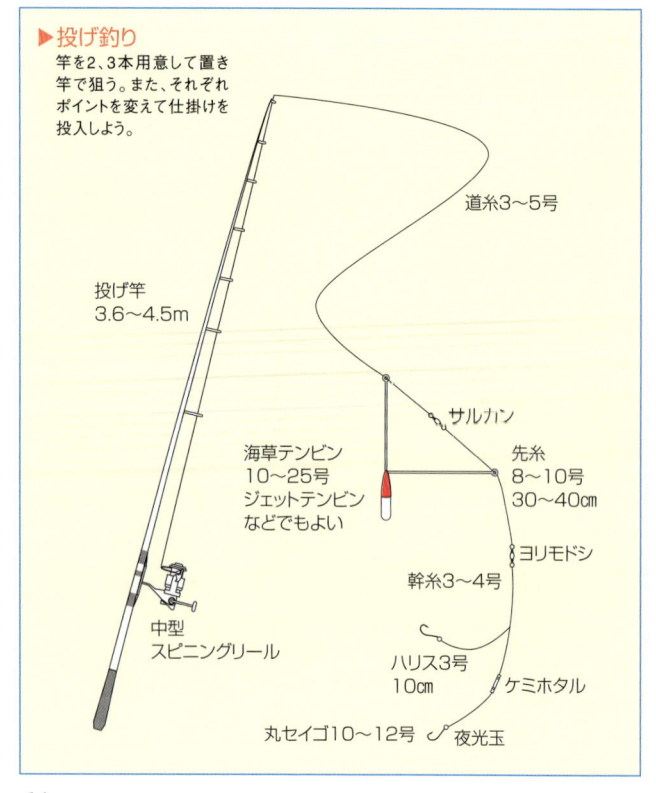

▶投げ釣り

竿を2、3本用意して置き竿で狙う。また、それぞれポイントを変えて仕掛けを投入しよう。

- 投げ竿 3.6～4.5m
- 道糸3～5号
- サルカン
- 海草テンビン10～25号 ジェットテンビンなどでもよい
- 先糸 8～10号 30～40cm
- ヨリモドシ
- 幹糸3～4号
- 中型スピニングリール
- ハリス3号 10cm
- ケミホタル
- 丸セイゴ10～12号
- 夜光玉

1	2	3	4	5	6	7	8	9	10	11	12
					○	○	○	○	○	○	○

投　堤　船

＜釣り方のポイント＞

　夜行性なので、夜釣りで狙う。堤防からは投げ釣りで狙うのが一般的。船釣りの場合、東京湾では専用のつり鐘型のオモリを使った釣りが人気。淡い光に寄ってくる習性があるので、いずれも発光玉や発光パイプ、ケミホタルなどを付けると釣果があがる。エサを一気に食い込むことは少なく、最初はモゾモゾといったアタリがあり、後で、グッと引いてくるので、そのときに合わせてやる。ポイントは起伏や変化の多い砂泥地。また、波の荒い日はあまり活動しないのでナギの日を狙って行こう。

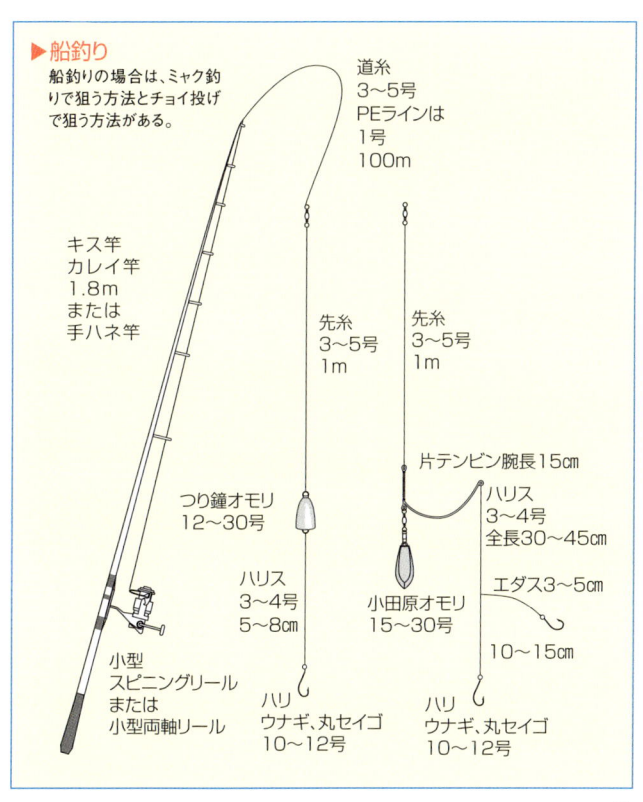

Ⅰ　海釣り

▶船釣り
船釣りの場合は、ミャク釣りで狙う方法とチョイ投げで狙う方法がある。

キス竿
カレイ竿
1.8m
または
手ハネ竿

小型スピニングリール
または
小型両軸リール

道糸
3〜5号
PEラインは
1号
100m

先糸
3〜5号
1m

つり鐘オモリ
12〜30号

ハリス
3〜4号
5〜8cm

ハリ
ウナギ、丸セイゴ
10〜12号

先糸
3〜5号
1m

片テンビン腕長15cm

小田原オモリ
15〜30号

ハリス
3〜4号
全長30〜45cm

エダス3〜5cm

10〜15cm

ハリ
ウナギ、丸セイゴ
10〜12号

アマダイ dai

グジ、クジ

分布
関東以西

エサ
イソメ類、オキアミ、アカエビ

<特徴>

アマダイの仲間のうち、釣りの対象として一般的なのはアカアマダイ。水深30～100mの砂泥地で、穴を掘って住んでおり、移動することは少ない。

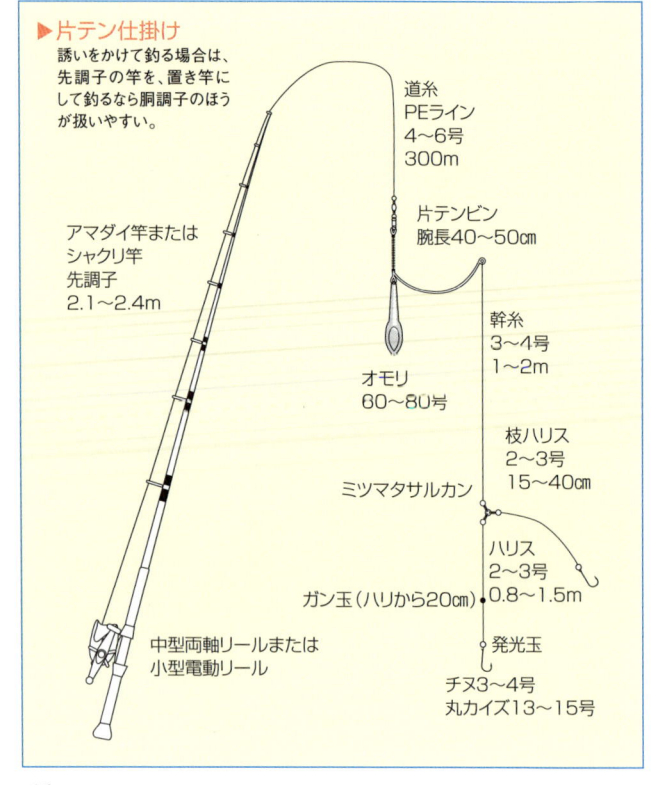

▶片テン仕掛け

誘いをかけて釣る場合は、先調子の竿を、置き竿にして釣るなら胴調子のほうが扱いやすい。

- 道糸 PEライン 4～6号 300m
- 片テンビン 腕長40～50cm
- アマダイ竿またはシャクリ竿 先調子 2.1～2.4m
- 幹糸 3～4号 1～2m
- オモリ 60～80号
- 枝ハリス 2～3号 15～40cm
- ミツマタサルカン
- ハリス 2～3号 0.8～1.5m
- ガン玉（ハリから20cm）
- 発光玉
- 中型両軸リールまたは小型電動リール
- チヌ3～4号 丸カイズ13～15号

1	2	3	4	5	6	7	8	9	10	11	12
○	○	○	○	○					○	○	○

船

<釣り方のポイント>

　普段は巣穴からあまり出ずに、基本的に海底にいる魚なので、つねにエサが海底すれすれを流れるようにすることが大切。カケアガリを攻めることになるので、仕掛けが底から離れてしまわないようにする。また、ときどき軽く竿をあおって誘いをかけてやることも大切だ。アタリは分かりやすく、底層での引きは強いが、水圧の変化に弱いため中層からは比較的すんなりと浮いてくる。

　釣り方としては片テン仕掛けと胴突き仕掛けがある。胴突き仕掛けでは、ほかの魚との五目釣りも楽しめる。

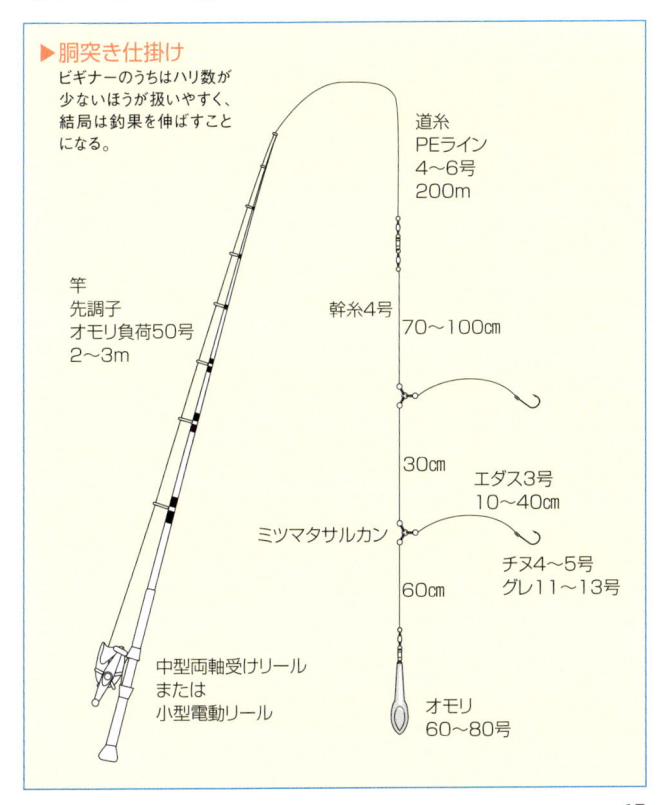

Ⅰ 海釣り

▶胴突き仕掛け

ビギナーのうちはハリ数が少ないほうが扱いやすく、結局は釣果を伸ばすことになる。

竿
先調子
オモリ負荷50号
2～3m

道糸
PEライン
4～6号
200m

幹糸4号　70～100cm

30cm

エダス3号
10～40cm

ミツマタサルカン

チヌ4～5号
グレ11～13号

60cm

中型両軸受けリール
または
小型電動リール

オモリ
60～80号

17

イカ(アオリイカ) ① モイカ、ミズイカ

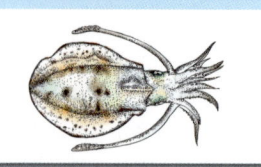

分布
北海道以南

エサ
アジなどの小魚、餌木

<特徴>

コウイカに似ているが種類としてはむしろヤリイカに近い。沿岸の岩礁帯を住処とし、夜行性で小魚などを捕食する。産卵期の4～6月ごろには浅場の藻の多いところに近づいてくる。

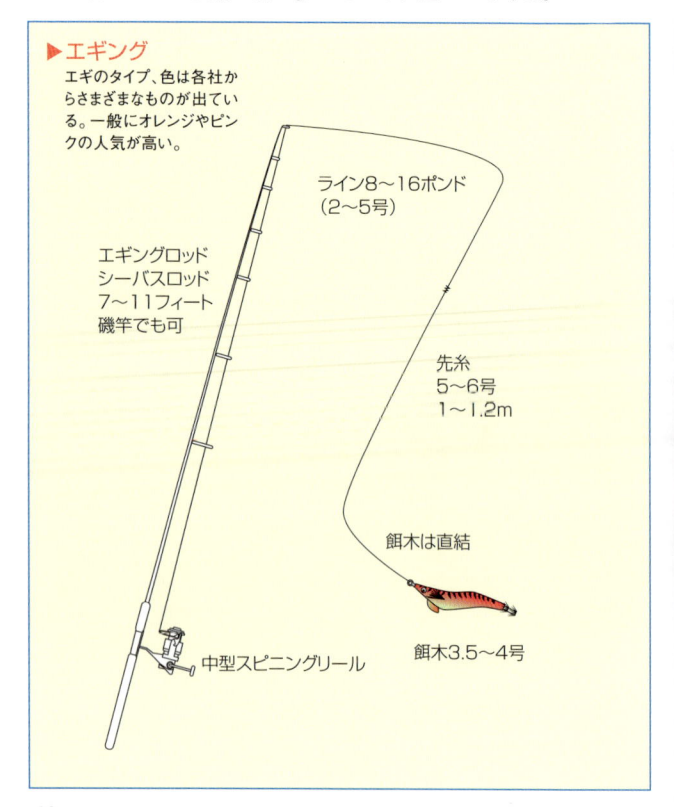

▶ **エギング**
エギのタイプ、色は各社からさまざまなものが出ている。一般にオレンジやピンクの人気が高い。

ライン8～16ポンド
(2～5号)

エギングロッド
シーバスロッド
7～11フィート
磯竿でも可

先糸
5～6号
1～1.2m

餌木は直結

餌木3.5～4号

中型スピニングリール

1	2	3	4	5	6	7	8	9	10	11	12
			○	○	○			○	○	○	○

磯　堤

<釣り方のポイント>

　夜行性なので日没前後から3〜4時間がもっとも可能性が高い。主な釣り方には餌木を使ったエギングとアジを使った生き餌の泳がせ釣りがある。エギングでは、まずしっかりと底を取ってから底層をいろいろなアクションをつけながら誘ってやる。アタリがなければ中層から上層も探ってみよう。アタリはあまり明確でなく、最初は何かが引っ掛かったような感じだが、すぐに力強く引いてくる。無理に引くとバラしてしまうので、ドラグをうまく使いながら、ゆっくりと寄せてこよう。

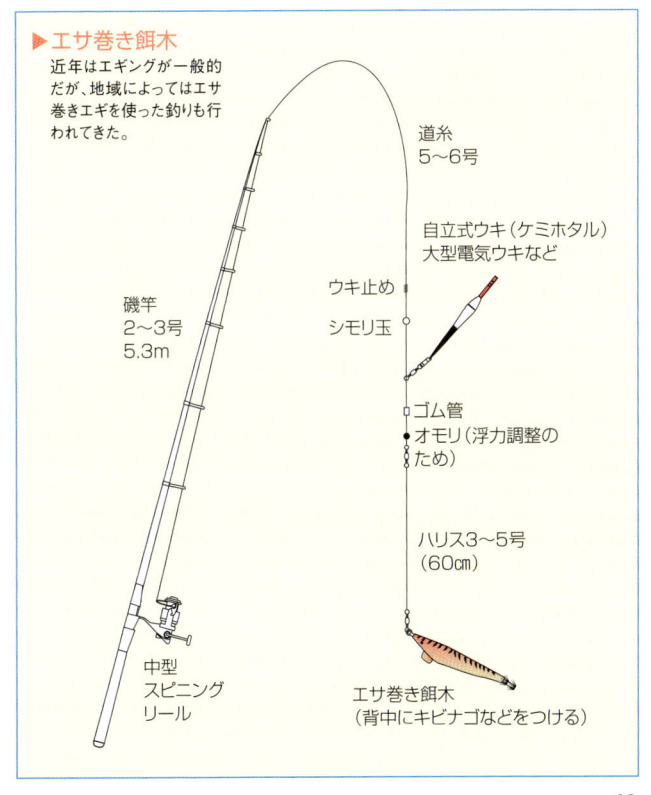

Ⅰ　海釣り

▶エサ巻き餌木
近年はエギングが一般的だが、地域によってはエサ巻きエギを使った釣りも行われてきた。

- 磯竿 2〜3号 5.3m
- 中型スピニングリール
- 道糸 5〜6号
- 自立式ウキ（ケミホタル）大型電気ウキなど
- ウキ止め
- シモリ玉
- ゴム管
- オモリ（浮力調整のため）
- ハリス3〜5号（60cm）
- エサ巻き餌木（背中にキビナゴなどをつける）

イカ（アオリイカ）② モイカ、ミズイカ

　泳がせ釣りの場合は、まずはイキのいいエサを確保することがポイント。サビキ釣りで釣り上げたアジをエアポンプなどで生かしておくとよい。アジは背ガケや鼻ガケで付けるのが一般的だが、アユのハナカンを使ってもよい。アタリはウキがじわっと沈み込むように出る。早アワセは禁物で、少し待って竿先がグッと曲がるような引きを感じたとき、ゆっくりと竿を立てて、ドラグを使いながらゆっくりと寄せてくる。エギングのときと同様に、無理に寄せてくるとバラしてしまう可能性が高い。また、必ずタモまたはギャフなどで取り込むようにする。

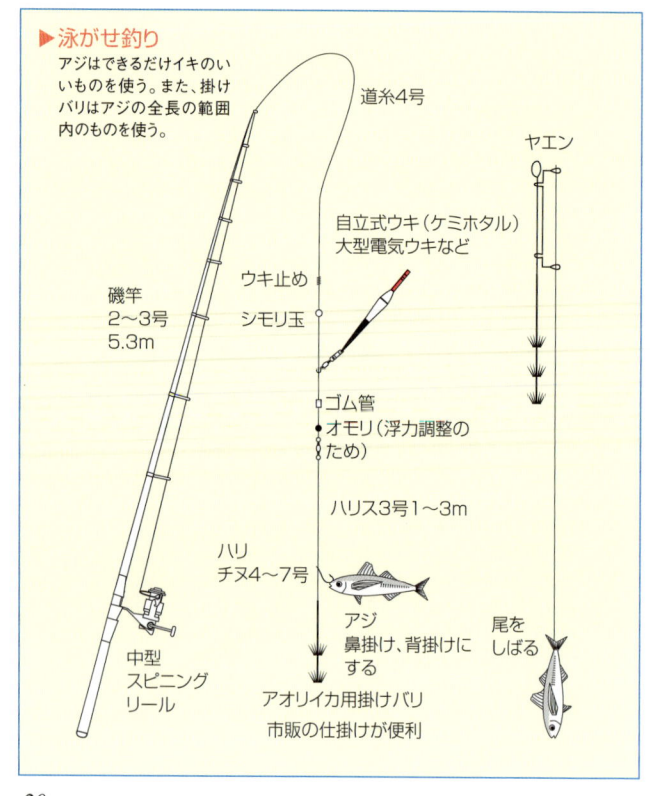

▶泳がせ釣り

アジはできるだけイキのいいものを使う。また、掛けバリはアジの全長の範囲内のものを使う。

- 道糸4号
- ヤエン
- 磯竿 2～3号 5.3m
- ウキ止め
- シモリ玉
- 自立式ウキ（ケミホタル）大型電気ウキなど
- ゴム管
- オモリ（浮力調整のため）
- ハリス3号1～3m
- ハリ チヌ4～7号
- アジ 鼻掛け、背掛けにする
- 中型スピニングリール
- アオリイカ用掛けバリ 市販の仕掛けが便利
- 尾をしばる

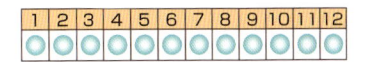

1	2	3	4	5	6	7	8	9	10	11	12
○	○	○	○	○	○	○	○	○	○	○	○

磯　堤　船

　船釣り、ボート釣りでも基本的なことは陸から釣る場合と同様である。エギングの場合の違いは中オモリを付けることぐらいだ。

　まず最初に餌木を投入したあと、ハリスが伸びきってから中オモリを入れるようにする。そのあとは船長の指示に従いながら、シャクリを入れて誘ってやる。また中オモリはできるだけバランスの良いものを使用しよう。バランスの悪いものは餌木の動きが不自然になったり、ハリスが絡んだりといったトラブルが考えられる。なお、やはりその日の状況によってアタリカラーが異なる。何種類かはそろえておきたい。

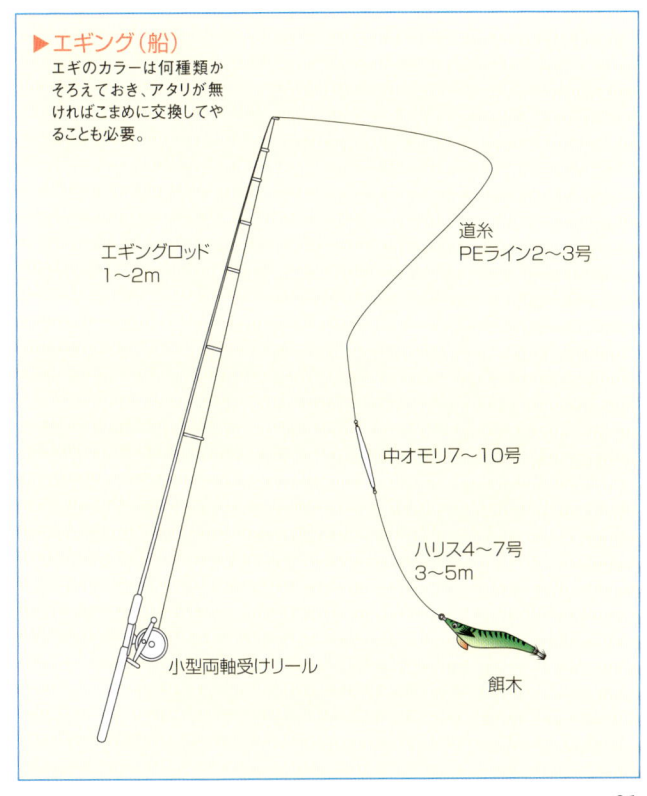

Ⅰ 海釣り

▶エギング（船）
エギのカラーは何種類かそろえておき、アタリが無ければこまめに交換してやることも必要。

エギングロッド
1～2m

道糸
PEライン2～3号

中オモリ7～10号

ハリス4～7号
3～5m

小型両軸受けリール

餌木

イカ（ケンサキイカ） アカイカ、ゴトウイカ

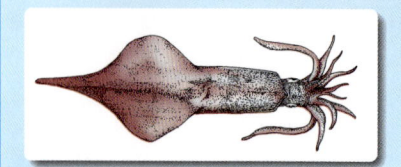

分布
関東以南

エサ
スッテ、エギ

<特徴>

通常は水深30～90mぐらいのところを住処とし、春から夏にかけて沿岸近くに産卵のためにやってくる。体型はヤリイカに似ているが、腕が太い。

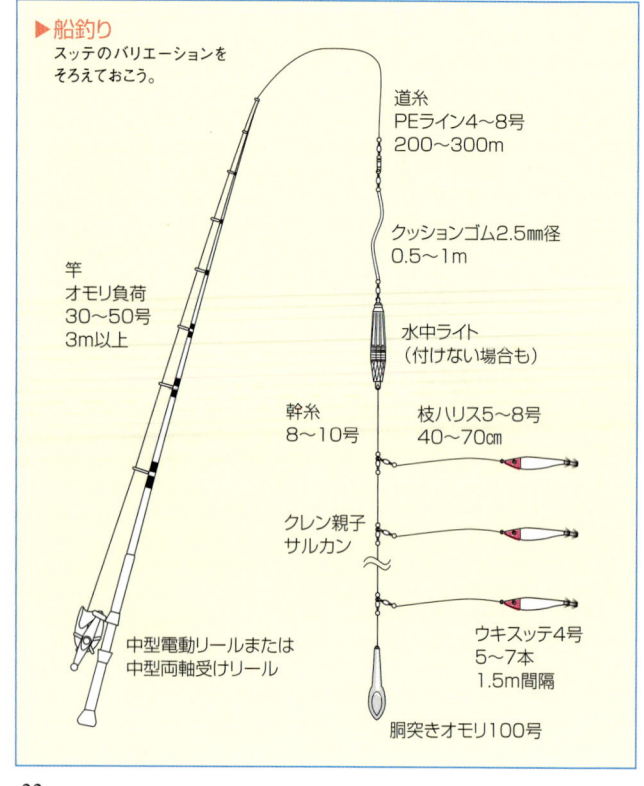

▶船釣り
スッテのバリエーションをそろえておこう。

竿
オモリ負荷
30～50号
3m以上

道糸
PEライン4～8号
200～300m

クッションゴム2.5mm径
0.5～1m

水中ライト
（付けない場合も）

幹糸
8～10号

枝ハリス5～8号
40～70cm

クレン親子サルカン

中型電動リールまたは
中型両軸受けリール

ウキスッテ4号
5～7本
1.5m間隔

胴突きオモリ100号

<釣り方のポイント>

　ケンサキイカの場合は置き竿にして狙うのが一般的。船の揺れがちょうどいい誘いにもなる。

　この釣りのポイントはやはりスッテであろう。布巻きスッテや魚型スッテなどの種類に加えて、さまざまなカラーがある中で、その日のアタリスッテを素早く見つけることが釣果を伸ばすポイントとなる。船長の意見を参考に何パターンか用意しておきたい。また、エサ巻き餌木を付ける場合もある。水中ライトは付ける場合と付けない場合があり、その日の状況によって判断する。

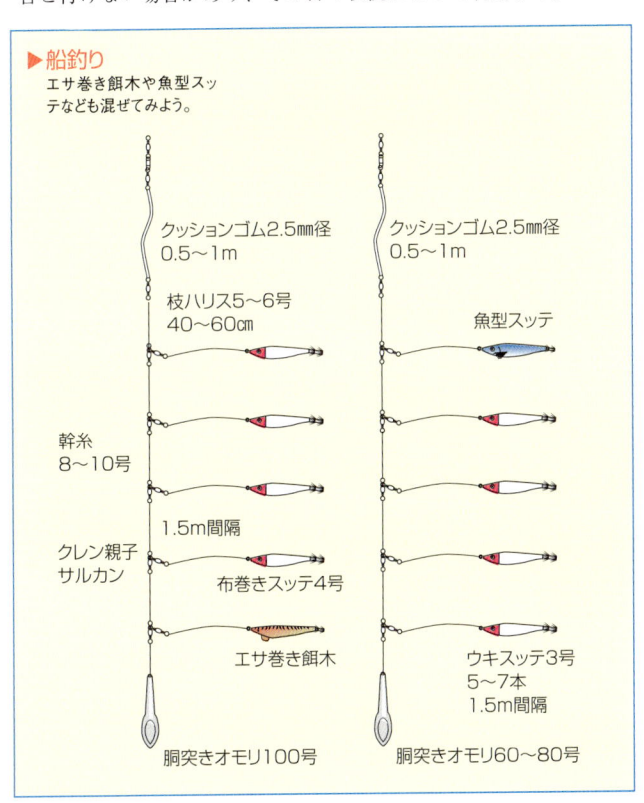

▶船釣り
エサ巻き餌木や魚型スッテなども混ぜてみよう。

左の仕掛け:
- クッションゴム2.5mm径 0.5〜1m
- 枝ハリス5〜6号 40〜60cm
- 幹糸 8〜10号
- 1.5m間隔
- クレン親子サルカン
- 布巻きスッテ4号
- エサ巻き餌木
- 胴突きオモリ100号

右の仕掛け:
- クッションゴム2.5mm径 0.5〜1m
- 魚型スッテ
- ウキスッテ3号 5〜7本 1.5m間隔
- 胴突きオモリ60〜80号

I 海釣り

イカ（コウイカ）

スミイカ、カブトイカ

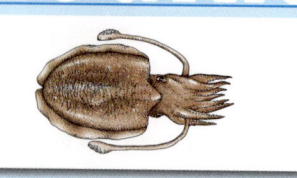

分布
関東以南

エサ
シャコ、スッテ

<特徴>

名前の通り、体の内側に石灰質の甲を持っている。また、大量のスミを吐くところからスミイカとも呼ばれる。砂泥底の底層に生息し、群れを作っている。

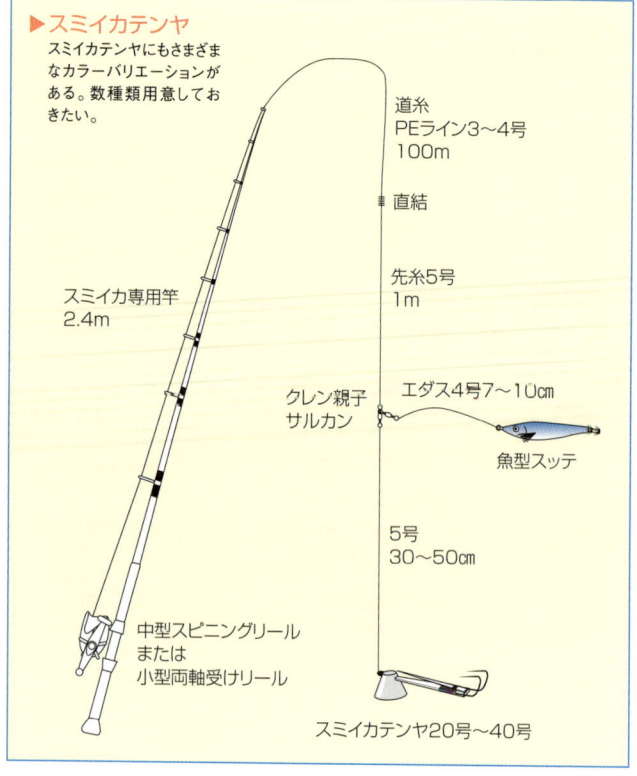

▶ **スミイカテンヤ**

スミイカテンヤにもさまざまなカラーバリエーションがある。数種類用意しておきたい。

- 道糸 PEライン3～4号 100m
- 直結
- 先糸5号 1m
- スミイカ専用竿 2.4m
- クレン親子サルカン
- エダス4号7～10cm
- 魚型スッテ
- 5号 30～50cm
- 中型スピニングリールまたは小型両軸受けリール
- スミイカテンヤ20号～40号

| 1 | 2 | 3 | 4 | 5 | 6 | 7 | 8 | 9 | 10 | 11 | 12 |

堤 船

<釣り方のポイント>

　東京湾ではスミイカテンヤを使った釣りが盛ん。シャコを糸でしばりつけて、仕掛けを底まで沈めたら、テンヤを小さくしゃくって誘ってやる。ズシリとした重みを感じたら乗っているので、しゃくりを大きめに入れて、しっかりとハリに掛けてやる。あとはゆっくりとリーリングするのだが、上げる前に十分にスミを吐かせておく。また、テンヤの上に魚型スッテを付けてやると誘いにもなり、釣果が期待できる。そのほか、テンヤを使わずにスッテを付けた胴突き仕掛けや、エギングなどでも狙うことができる。

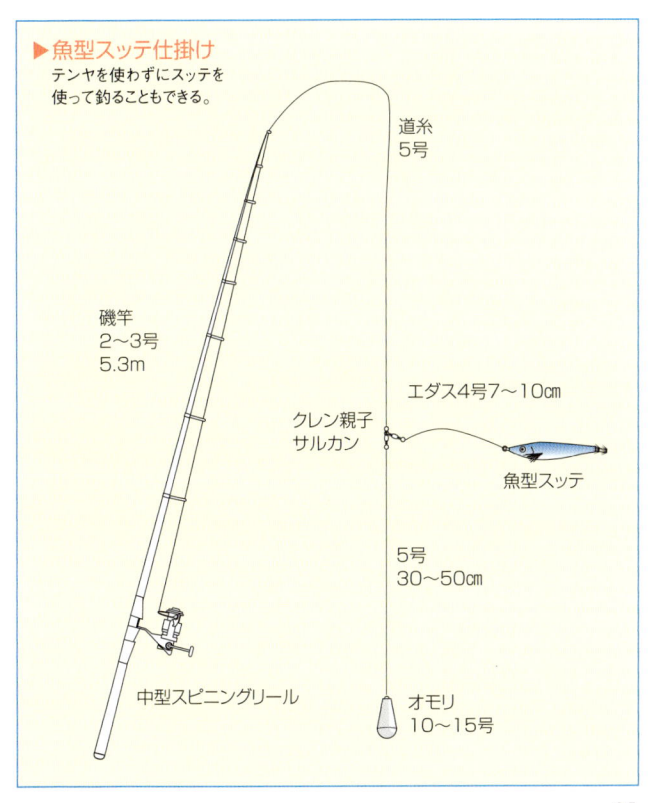

Ⅰ 海釣り

▶魚型スッテ仕掛け
テンヤを使わずにスッテを使って釣ることもできる。

- 道糸 5号
- 磯竿 2〜3号 5.3m
- エダス4号 7〜10cm
- クレン親子サルカン
- 魚型スッテ
- 5号 30〜50cm
- 中型スピニングリール
- オモリ 10〜15号

イカ（スルメイカ）

マイカ、ムギイカ

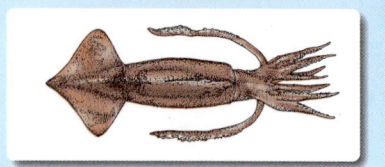

分布
日本各地
エサ
イカヅノ

<特徴>

イカの中でももっとも知られている種類。水深100～200mのあたりで群れで生活しているが、夜などには中層～上層近くにあがってくる。春ごろから釣れ始める小型のものをムギイカという。

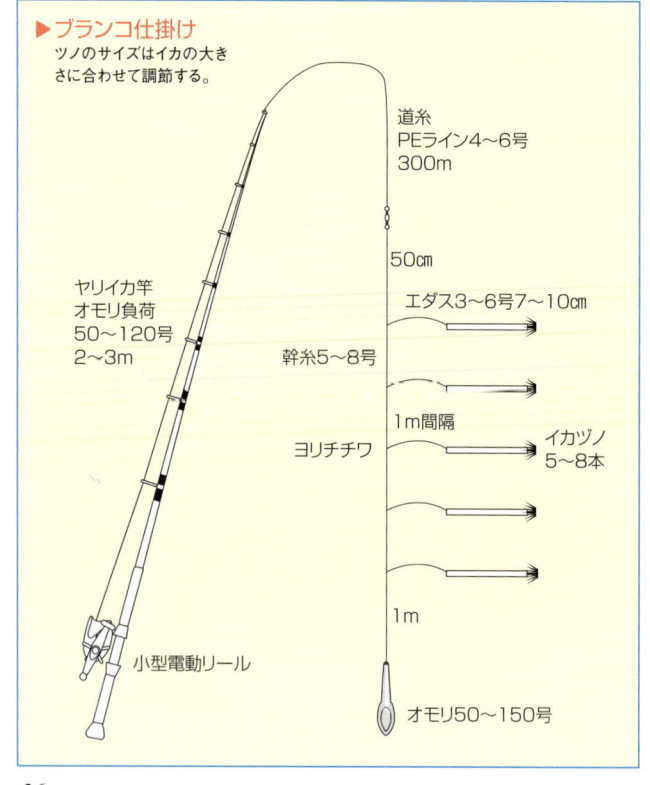

▶ブランコ仕掛け

ツノのサイズはイカの大きさに合わせて調節する。

- 道糸 PEライン4～6号 300m
- 50cm
- ヤリイカ竿 オモリ負荷 50～120号 2～3m
- 幹糸5～8号
- エダス3～6号7～10cm
- 1m間隔
- ヨリチチワ
- イカヅノ 5～8本
- 1m
- 小型電動リール
- オモリ50～150号

1	2	3	4	5	6	7	8	9	10	11	12
	○	○	○	○	○	○	○	○	○	○	

船

＜釣り方のポイント＞

　スルメイカはイカヅノを使った釣りが一般的で、仕掛けはサビキのようにイカヅノを付けるブランコ仕掛けとイカヅノを直結していく直結仕掛けがある。初心者はとりあえずブランコ仕掛けから始めよう。どちらの仕掛けもしっかりと竿をあおって誘いをかけてやるのがポイント。イカが乗ったら竿を立てて、ハリ掛かりさせてから引き上げる。また、1パイ掛かってからもあおりながら、引いてくることで追い食いさせることができる。底層を中心に狙うが、中層なども船長の指示に合わせて狙うようにしたい。

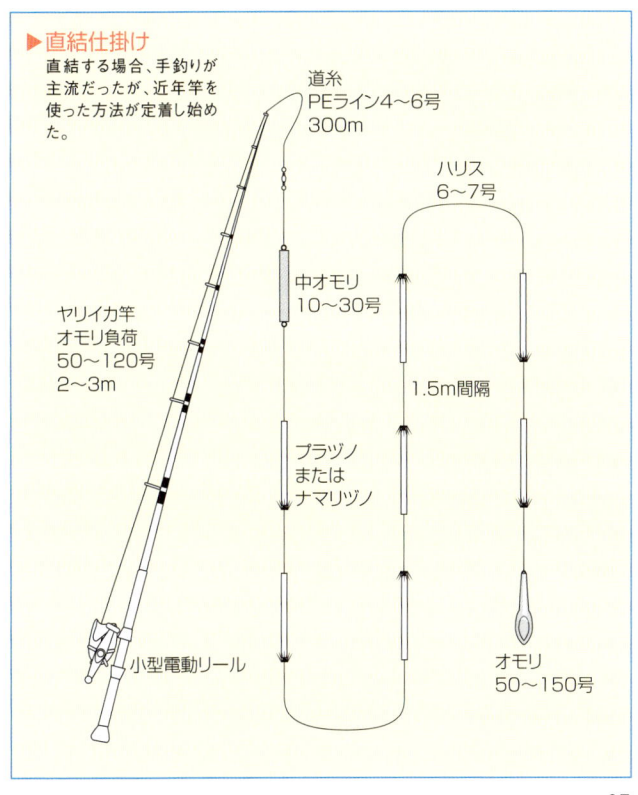

Ⅰ　海釣り

▶直結仕掛け

直結する場合、手釣りが主流だったが、近年竿を使った方法が定着し始めた。

道糸　PEライン4～6号　300m

ハリス　6～7号

中オモリ　10～30号

ヤリイカ竿　オモリ負荷　50～120号　2～3m

1.5m間隔

プラヅノまたはナマリヅノ

小型電動リール

オモリ　50～150号

イサキ

イサギ、ウリボウ、カジヤコロシ

分布
東北以南

エサ
オキアミ、アミエビ

<特徴>

幼魚は3本の縦じまが目立つことからウリボウなどと言われる。水深のある岩礁帯に生息しているが、夏には磯の周りに寄ってくる。夜行性なので、夜釣りが有利。

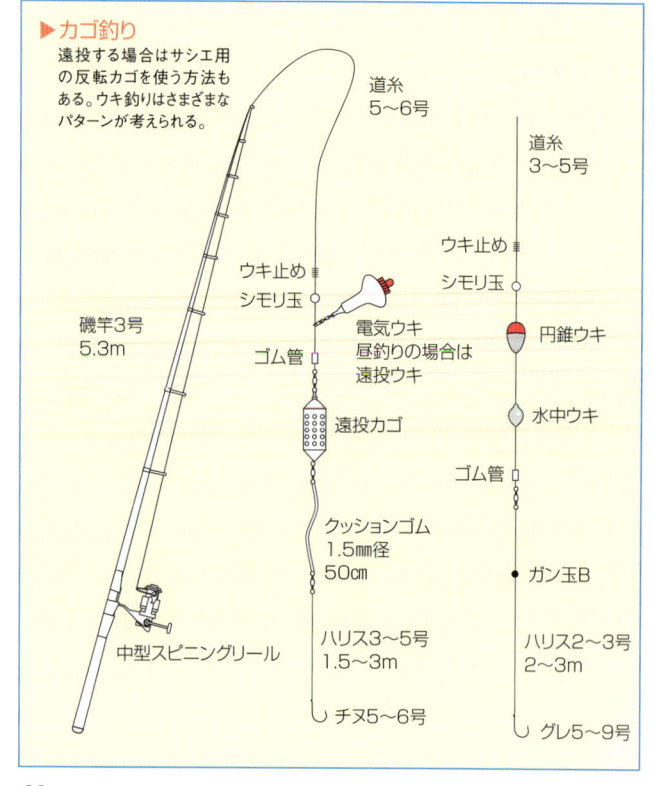

▶カゴ釣り

遠投する場合はサシエ用の反転カゴを使う方法もある。ウキ釣りはさまざまなパターンが考えられる。

- 磯竿3号 5.3m
- 中型スピニングリール
- 道糸 5～6号
- ウキ止め
- シモリ玉
- ゴム管
- 電気ウキ 昼釣りの場合は遠投ウキ
- 遠投カゴ
- クッションゴム 1.5mm径 50cm
- ハリス3～5号 1.5～3m
- チヌ5～6号

- 道糸 3～5号
- ウキ止め
- シモリ玉
- 円錐ウキ
- 水中ウキ
- ゴム管
- ガン玉B
- ハリス2～3号 2～3m
- グレ5～9号

1	2	3	4	5	6	7	8	9	10	11	12
					○	○	○	○	○	○	

磯　堤　船

<釣り方のポイント>

　陸からの場合、ウキ釣りかカゴ釣りで狙う。カゴ釣りで遠投する場合は、うまく同じポイントに仕掛けを投げ入れるようにすることが大事である。

　船からはビシ釣りで狙え、比較的良型がよく掛かる。イサキ釣りはタナ取りが大きなポイント。ちょっとタナからずれるだけで、さっぱり釣果が上がらないということもある。また逆にタナに合わせてコマセをまき、群れを居着かせることができれば、入れ食いになる可能性が高い。

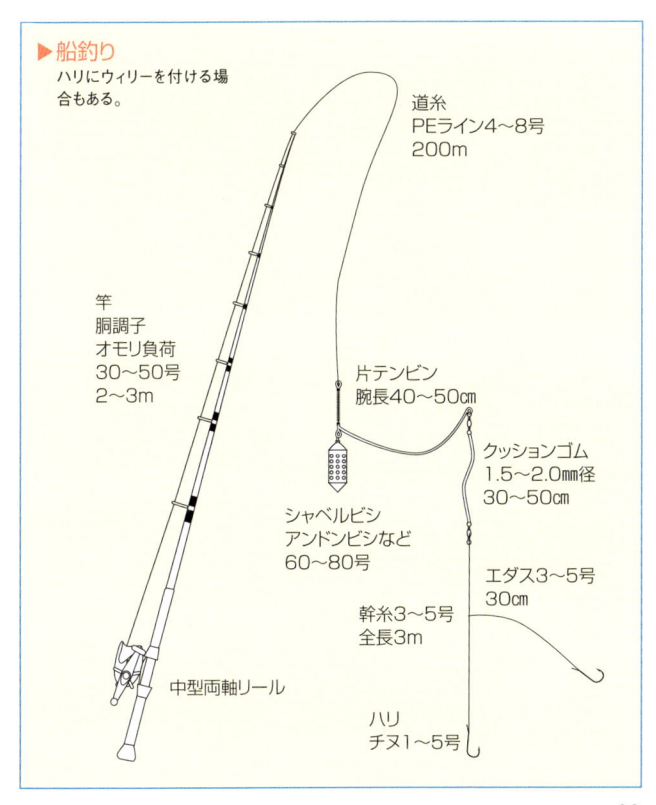

Ⅰ 海釣り

▶船釣り

ハリにウィリーを付ける場合もある。

- 道糸　PEライン4〜8号　200m
- 竿　胴調子　オモリ負荷30〜50号　2〜3m
- 片テンビン　腕長40〜50cm
- シャベルビシ　アンドンビシなど　60〜80号
- クッションゴム　1.5〜2.0mm径　30〜50cm
- 幹糸3〜5号　全長3m
- エダス3〜5号　30cm
- 中型両軸リール
- ハリ　チヌ1〜5号

イシダイ

シマダイ、サンバソウ（幼魚）、クチグロ（老成魚）

分布
北海道以南

エサ
サザエ、ウニ、ヤドカリなど

<特徴>

　岩礁帯に住み、春から秋にかけて岸近くに寄り、冬は深場に移動する。硬いクチバシを持ち、甲殻類やフジツボ、ウニなどを噛み砕いて食べる。

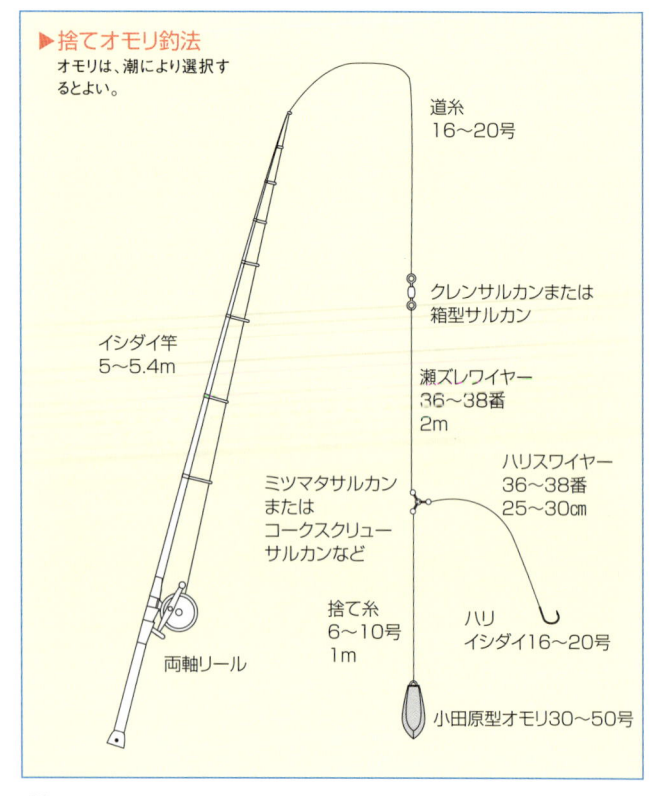

▶捨てオモリ釣法
オモリは、潮により選択するとよい。

- 道糸 16〜20号
- クレンサルカンまたは箱型サルカン
- イシダイ竿 5〜5.4m
- 瀬ズレワイヤー 36〜38番 2m
- ハリスワイヤー 36〜38番 25〜30cm
- ミツマタサルカンまたはコークスクリューサルカンなど
- 両軸リール
- 捨て糸 6〜10号 1m
- ハリ イシダイ16〜20号
- 小田原型オモリ30〜50号

1	2	3	4	5	6	7	8	9	10	11	12
				○	○	○	○	○	○		

磯

＜釣り方のポイント＞

　磯の王者とも呼ばれ、熱狂的なファンも多い。シマダイ、サンバソウと呼ばれる幼魚は堤防からのヘチ釣りなどで釣れることもあるが、成魚は比較的水深のある磯がポイントとなる。釣り方にはさまざまあるが、沖のポイントを狙う遠投釣法や九州で足元の深場を狙う南方宙釣りなどが有名。アタリは明確に出るが、すぐに合わせずゴンゴンという前アタリのあと竿が引き込まれたところでしっかりとハリ掛かりするように竿を立てる。また、根に入られないように素早く引き上げることも大切だ。

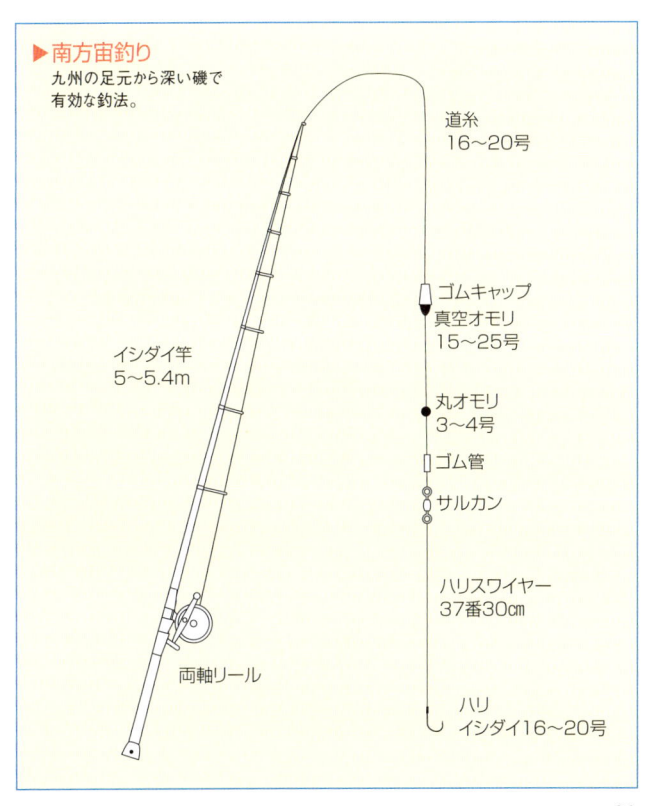

Ⅰ 海釣り

▶ 南方宙釣り
九州の足元から深い磯で有効な釣法。

- イシダイ竿 5〜5.4m
- 両軸リール
- 道糸 16〜20号
- ゴムキャップ
- 真空オモリ 15〜25号
- 丸オモリ 3〜4号
- ゴム管
- サルカン
- ハリスワイヤー 37番30cm
- ハリ イシダイ16〜20号

ウミタナゴ

タナゴ、コモチダイ

分布
日本各地

エサ
オキアミ、モエビ、イソメ類

<特徴>

沿岸の岩礁帯や藻場に群れて生息している。卵をメスの体内で孵す卵胎生で、春から初夏にかけて小魚を産む。地域により、赤や青など体色が異なる。

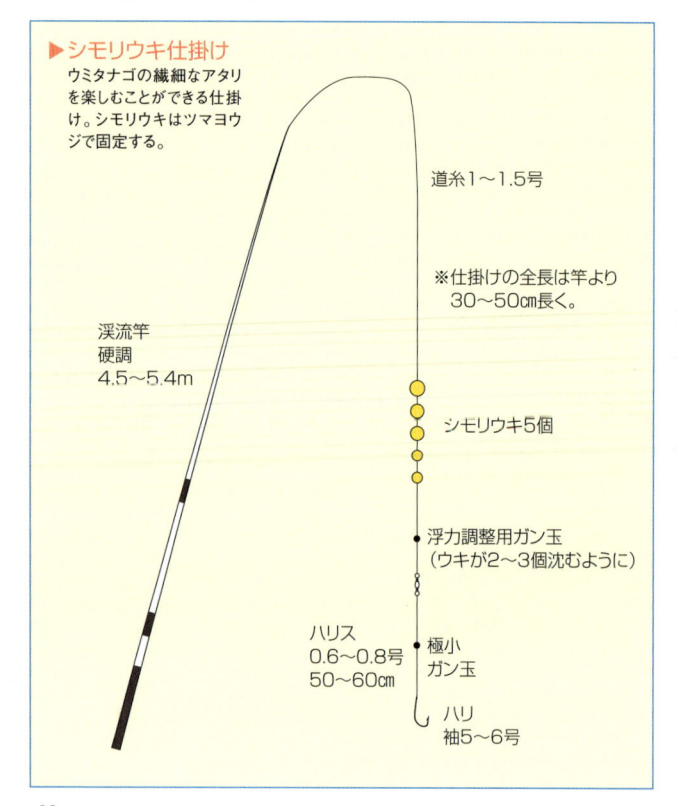

▶シモリウキ仕掛け

ウミタナゴの繊細なアタリを楽しむことができる仕掛け。シモリウキはツマヨウジで固定する。

- 道糸1〜1.5号
- ※仕掛けの全長は竿より30〜50cm長く。
- 渓流竿 硬調 4.5〜5.4m
- シモリウキ5個
- 浮力調整用ガン玉（ウキが2〜3個沈むように）
- ハリス 0.6〜0.8号 50〜60cm
- 極小ガン玉
- ハリ 袖5〜6号

1	2	3	4	5	6	7	8	9	10	11	12
○	○	○	○	○	○				○	○	○

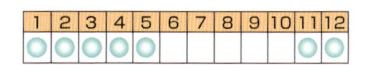

磯 堤

<釣り方のポイント>

　ダイレクトに引き味が楽しめる渓流竿を使った仕掛けが、簡単で人気が高い。沖目を狙うときは通常のリールを使った仕掛けが適している。ポイントは磯の根周りや防波堤の消波ブロック周辺。マキエを使って住処から誘い出してやる。アタリは明確に出るので、強すぎない程度に合わせてやるとよい。また、口が小さな魚なのでエサは小さめに付けた方がよい。また、臆病な魚なので釣っているときは大きな音を立てないようにして、掛けたあとも群れを散らさないようにスムーズに取り込むようにしたい。

I 海釣り

▶円錐ウキ仕掛け

沖目のポイントを攻めるときは、円錐ウキを使ったリール竿で攻める。飛ばしウキを使えばより遠くを攻めることもできる。

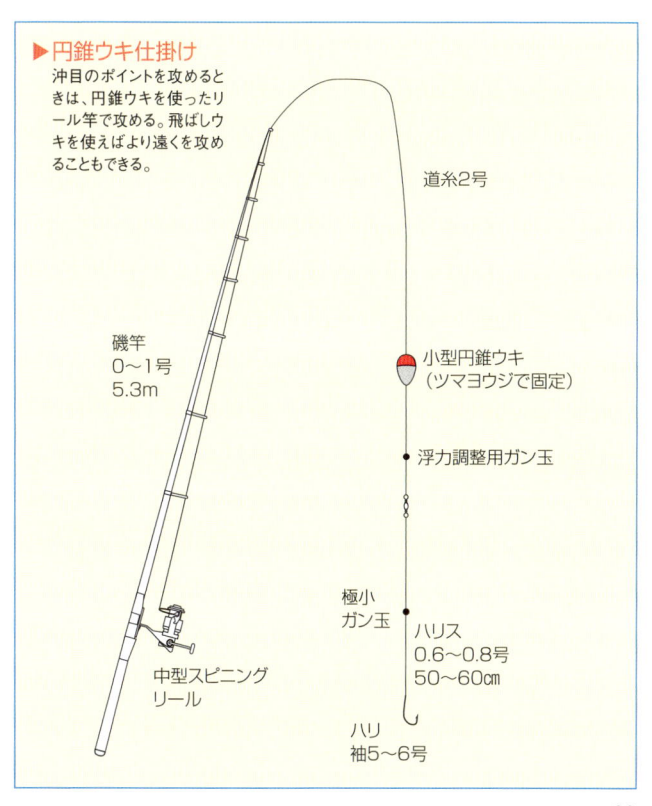

- 道糸2号
- 磯竿 0〜1号 5.3m
- 小型円錐ウキ（ツマヨウジで固定）
- 浮力調整用ガン玉
- 極小ガン玉
- ハリス 0.6〜0.8号 50〜60cm
- 中型スピニングリール
- ハリ 袖5〜6号

カサゴ

ガシラ、アラカブ

分布
日本各地

エサ
オキアミ、イソメ類、イカの短冊

<特徴>

沿岸の岩礁帯に生息し、普段は泳ぎ回ることが少ない。岩場のすき間などに住み、近くにきたエサを捕食し、また巣穴にもどる。鋭い背ビレなどに注意して取扱うこと。

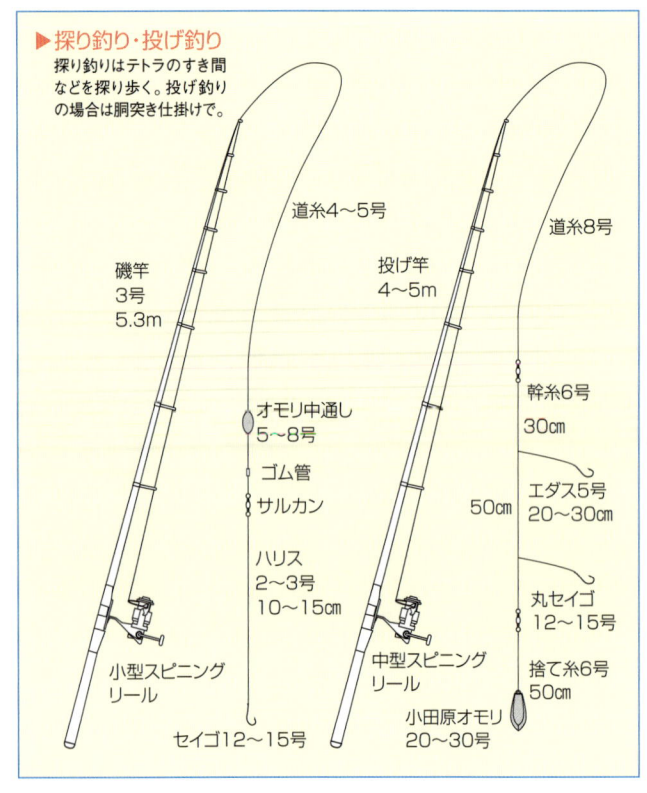

▶探り釣り・投げ釣り

探り釣りはテトラのすき間などを探り歩く。投げ釣りの場合は胴突き仕掛けで。

磯竿 3号 5.3m
道糸4〜5号
オモリ中通し 5〜8号
ゴム管
サルカン
ハリス 2〜3号 10〜15cm
小型スピニングリール
セイゴ12〜15号

投げ竿 4〜5m
50cm
中型スピニングリール
小田原オモリ 20〜30号

道糸8号
幹糸6号 30cm
エダス5号 20〜30cm
丸セイゴ 12〜15号
捨て糸6号 50cm

| 1 | 2 | 3 | 4 | 5 | 6 | 7 | 8 | 9 | 10 | 11 | 12 |

磯　堤　船

<釣り方のポイント>

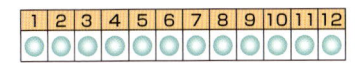

　浅場から水深400mの深海に住むものまでいて、陸からでも船からでも狙える。陸から狙う場合は、巣穴に直接エサを落とし込む探り釣りが人気。防波堤の消波ブロックのすき間などにエサを落とし込んで、アタリが無ければ、次のすき間へというようにできるだけ広い範囲を探ることが釣果につながる。船釣りの場合は胴突き仕掛けで狙う。できるだけ仕掛けを底にはわすようにして誘ってやるとよい。いずれの釣りかたも根掛かり覚悟の釣りとなるので、仕掛けの替えは十分に用意しておきたい。

Ⅰ　海釣り

▶船釣り

船釣りの場合胴突き仕掛けが一般的。片テンビンを使い、底を狙う仕掛けもある。

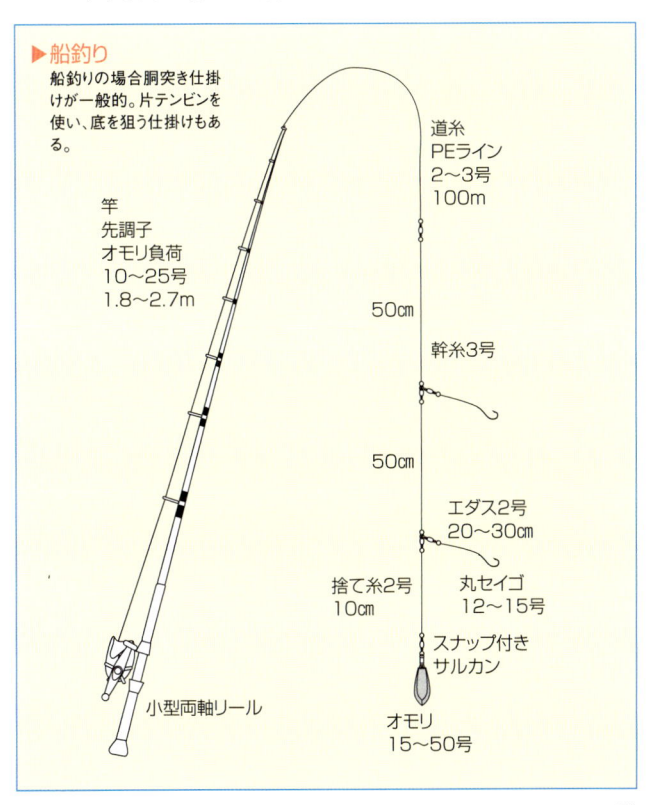

竿
先調子
オモリ負荷
10～25号
1.8～2.7m

道糸
PEライン
2～3号
100m

50cm

幹糸3号

50cm

エダス2号
20～30cm

捨て糸2号
10cm

丸セイゴ
12～15号

スナップ付き
サルカン

小型両軸リール

オモリ
15～50号

カツオ

本カツオ、トックリ、スジカツオ

分布
日本各地

エサ
小魚など

<特徴>

外洋を広く回遊し、日本には初夏に黒潮に乗ってやってきて（上りガツオ）、秋に北から南に下っていく（下りガツオ）。基本的に上層を群れで移動している。

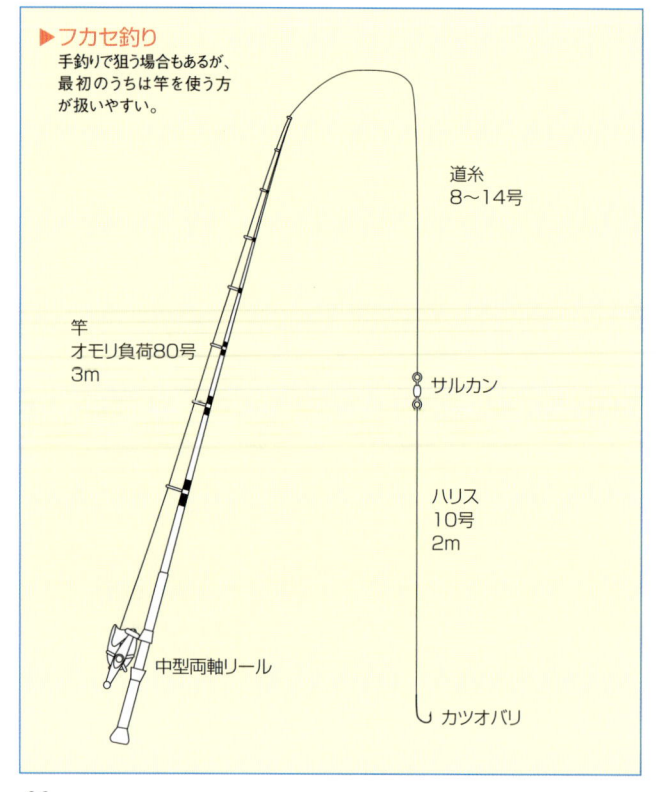

▶フカセ釣り

手釣りで狙う場合もあるが、最初のうちは竿を使う方が扱いやすい。

- 竿　オモリ負荷80号　3m
- 中型両軸リール
- 道糸　8～14号
- サルカン
- ハリス　10号　2m
- カツオバリ

1	2	3	4	5	6	7	8	9	10	11	12
					●	●	●	●	●		

磯　堤　船

<釣り方のポイント>

　カツオは竿または手釣りのフカセ釣り、もしくは1本釣りで狙う。エサのカタクチイワシを背掛け、エラ掛け、または鼻掛けにして泳がせてやる。このときイキのいいイワシを使うことが釣果を伸ばすコツなので、素早くハリに付けイワシが弱らないように注意する。

　また、掛かったら素早く引いてオマツリしないように気をつける。カツオに良く似たスマやソウダガツオは陸から、ウキ釣りまたはカゴ釣りで狙うことができる。

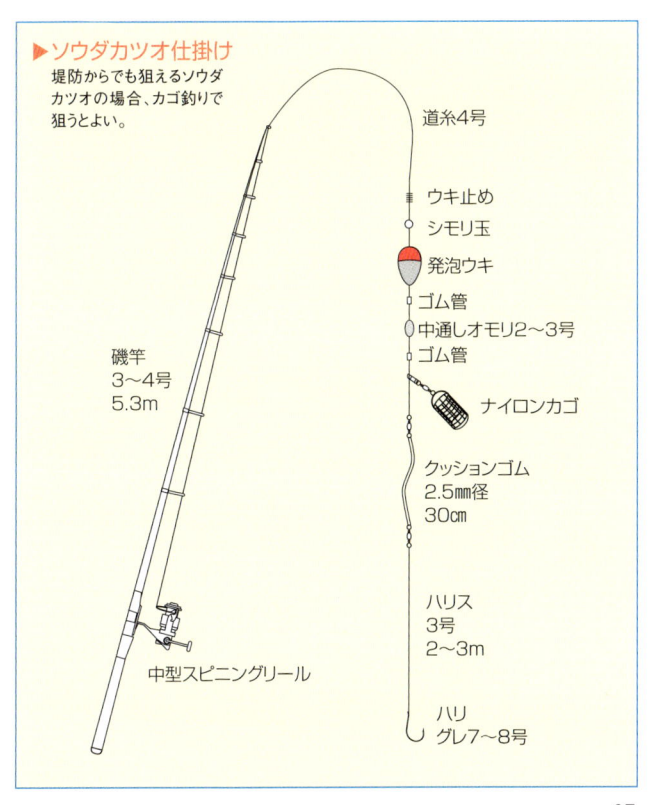

Ⅰ 海釣り

▶ソウダカツオ仕掛け
堤防からでも狙えるソウダカツオの場合、カゴ釣りで狙うとよい。

- 道糸4号
- ウキ止め
- シモリ玉
- 発泡ウキ
- ゴム管
- 中通しオモリ2〜3号
- ゴム管
- ナイロンカゴ
- クッションゴム 2.5mm径 30cm
- ハリス 3号 2〜3m
- ハリ グレ7〜8号

磯竿 3〜4号 5.3m
中型スピニングリール

カレイ

マコ（マコガレイ）、イシモチカレイ（イシガレイ）

分布
日本各地

エサ
イソメ類、ゴカイ類

<特徴>

日本に数種類いるカレイのうち、釣りの対象魚としてポピュラーなのはマコガレイとイシガレイ。どちらも砂泥地に生息し、底生動物を捕食している。

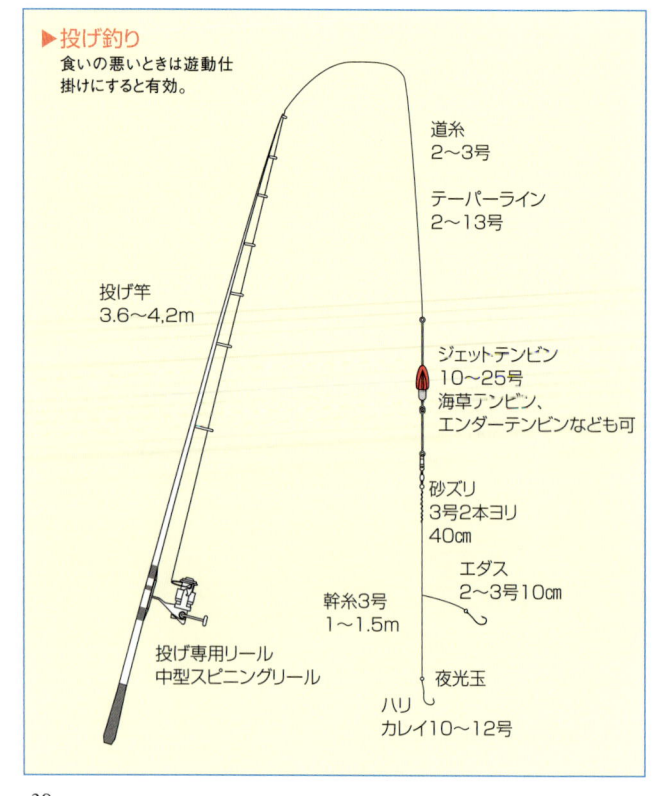

▶投げ釣り

食いの悪いときは遊動仕掛けにすると有効。

- 道糸 2～3号
- テーパーライン 2～13号
- 投げ竿 3.6～4.2m
- ジェットテンビン 10～25号 海草テンビン、エンダーテンビンなども可
- 砂ズリ 3号2本ヨリ 40cm
- エダス 2～3号10cm
- 幹糸3号 1～1.5m
- 投げ専用リール 中型スピニングリール
- 夜光玉
- ハリ カレイ10～12号

1	2	3	4	5	6	7	8	9	10	11	12
○	○	○	○						○	○	○

投　船

<釣り方のポイント>

　陸からは投げ釣りで狙うのがメイン。ゆっくりと仕掛けを動かして、ヨブ（砂底の起伏）にあたったらしばらく待つというように引き釣りで狙うほうが好釣果が望める。

　最初のアタリは微妙で、少し待って、竿が引き込まれたら軽く合わせてやる。また、アタリが1回出て終わりという場合もあるので、置き竿にしているときは時おり竿を立てて重みを感じるかどうか確かめる必要がある。船釣りでも片テンビン仕掛けの投げ釣りがメインとなる。

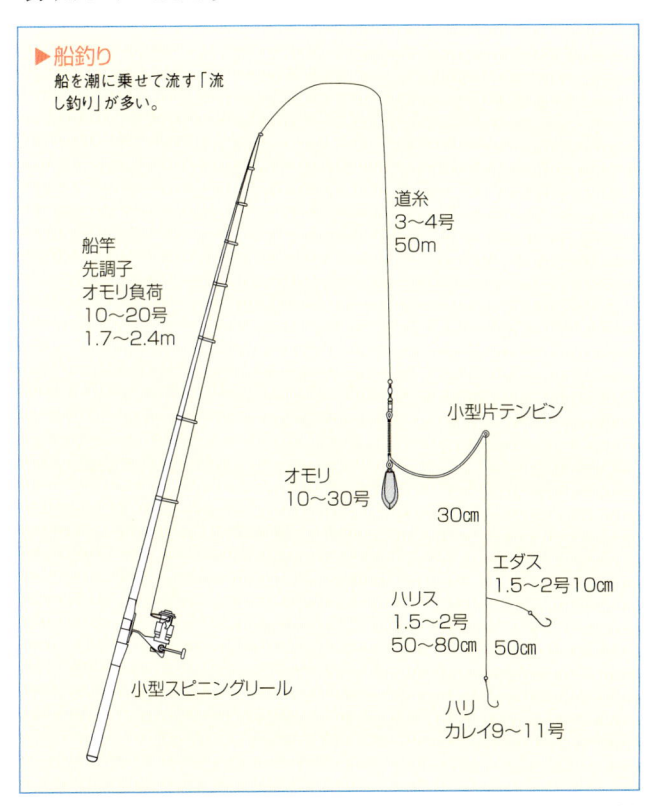

Ⅰ 海釣り

▶船釣り
船を潮に乗せて流す「流し釣り」が多い。

船竿
先調子
オモリ負荷
10〜20号
1.7〜2.4m

道糸
3〜4号
50m

小型片テンビン

オモリ
10〜30号

30cm

エダス
1.5〜2号10cm

ハリス
1.5〜2号
50〜80cm

50cm

小型スピニングリール

ハリ
カレイ9〜11号

カワハギ

ハゲ、ゲンパ

分布
北海道以南

エサ
イソメ類、ゴカイ類、アサリのむき身、オキアミなど

<特徴>

沿岸部岩礁回りに生息し、小さな口でエサを少しずつ食べてしまい、ハリ掛かりしにくいことからエサ取り名人といわれる。垂直に泳ぐことができる。

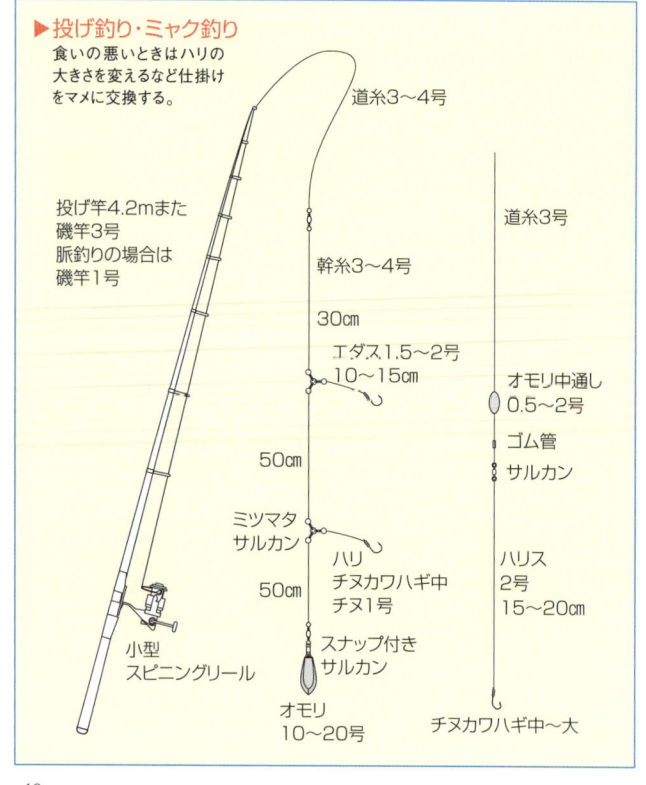

▶投げ釣り・ミャク釣り

食いの悪いときはハリの大きさを変えるなど仕掛けをマメに交換する。

- 道糸3〜4号
- 投げ竿4.2mまた磯竿3号 脈釣りの場合は磯竿1号
- 幹糸3〜4号
- 30cm
- エダス1.5〜2号 10〜15cm
- 50cm
- ミツマタサルカン
- 50cm
- ハリ チヌカワハギ中 チヌ1号
- スナップ付きサルカン
- オモリ 10〜20号
- 小型スピニングリール

- 道糸3号
- オモリ中通し 0.5〜2号
- ゴム管
- サルカン
- ハリス2号 15〜20cm
- チヌカワハギ中〜大

| 1 | 2 | 3 | 4 | 5 | 6 | 7 | 8 | 9 | 10 | 11 | 12 |

投 磯 堤 船

<釣り方のポイント>

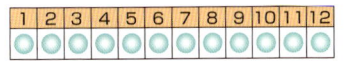

　カワハギ釣りのおもしろさは、いかにしてその口にハリ掛かりさせるかにある。陸からは胴突き仕掛けの投げ釣りからミャク釣り。アタリがあれば素早く合わせてハリ掛かりさせる。船からは胴突き仕掛けで狙うのが一般的。この場合エサを踊らせて誘うタタキ釣りと、仕掛けをたるませて誘うタルマセ釣りがある。どちらも誘いをかけたあと、そっと聞き上げてやり違和感があれば素早く合わせるようにする。また、どの釣り方でもエサは小さめにしっかりと付けることが大切。

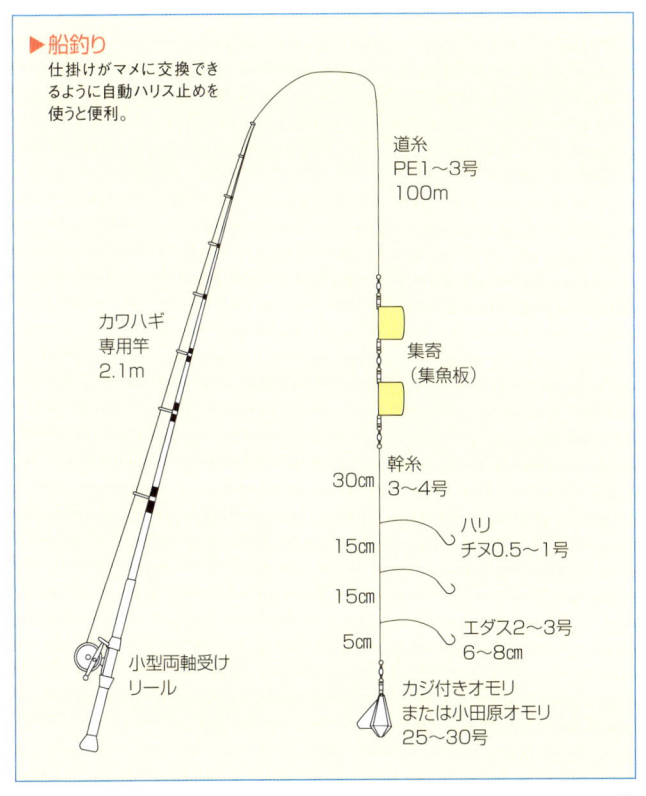

Ⅰ 海釣り

▶船釣り
仕掛けがマメに交換できるように自動ハリス止めを使うと便利。

- カワハギ専用竿 2.1m
- 小型両軸受けリール
- 道糸 PE1〜3号 100m
- 集寄（集魚板）
- 幹糸 3〜4号　30cm
- ハリ チヌ0.5〜1号　15cm
- エダス2〜3号 6〜8cm　15cm
- 5cm
- カジ付きオモリまたは小田原オモリ 25〜30号

カンパチ

アカハナ、アカイオ

分布
東北以南

エサ
アジなどの小魚、オキアミ、イカ

<特徴>

ブリに比べて体高があり、若魚には額に八の字型の黒い帯があることから「カンパチ」といわれる。若いうちは群れを作って回遊し、沿岸の磯などにも近づく。

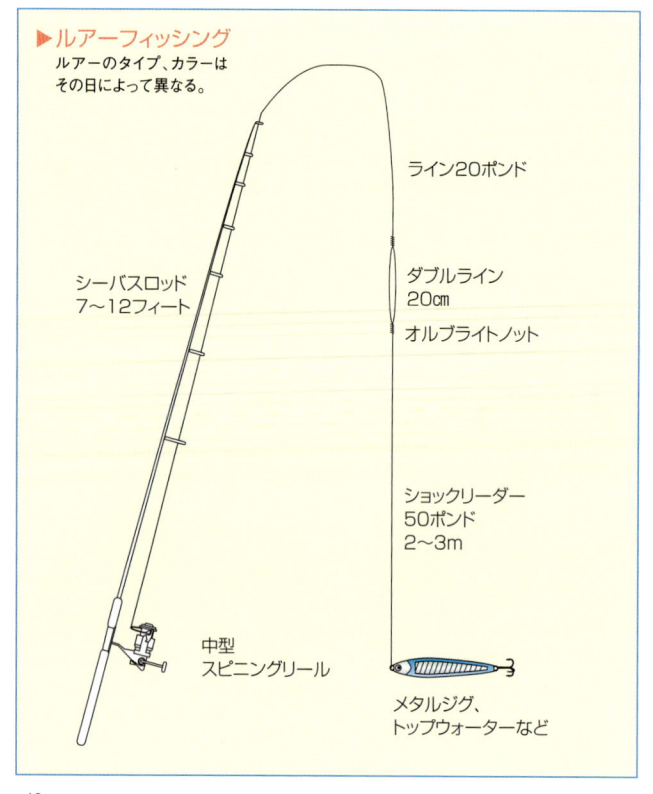

▶ルアーフィッシング

ルアーのタイプ、カラーはその日によって異なる。

- シーバスロッド 7～12フィート
- 中型スピニングリール
- ライン20ポンド
- ダブルライン 20㎝
- オルブライトノット
- ショックリーダー 50ポンド 2～3m
- メタルジグ、トップウォーターなど

1	2	3	4	5	6	7	8	9	10	11	12
				○	○	○	○	○	○	○	

磯　堤　船

<釣り方のポイント>

　中型以上のものは生きエサの泳がせ釣りやルアーで狙いたい。シーズンに磯や堤防に釣行するときにルアーを常備していれば、ナブラに遭遇した場合すぐに取り出して狙うことができる。ルアーはそのときによって異なるが、ミノー系やメタルジグは用意しておきたい。船からも泳がせ釣り、ルアーで狙う。泳がせ釣りの場合、イキのいいエサを使うことが大切。船からのルアー釣りはジギングが主流。このほかカッタクリ釣りや片テンビンのコマセ釣りで狙う場合もある。

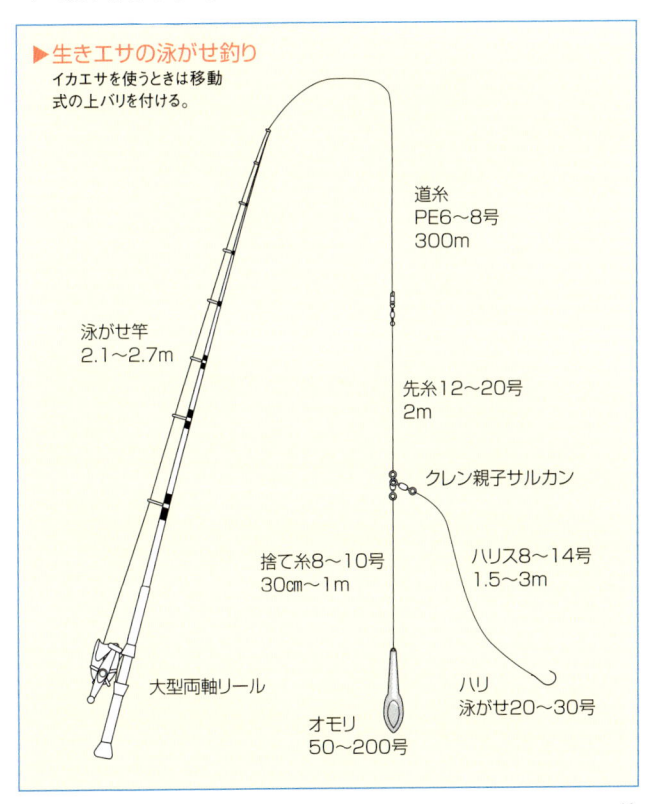

Ⅰ　海釣り

▶生きエサの泳がせ釣り

イカエサを使うときは移動式の上バリを付ける。

- 泳がせ竿 2.1〜2.7m
- 道糸 PE6〜8号 300m
- 先糸12〜20号 2m
- クレン親子サルカン
- 捨て糸8〜10号 30cm〜1m
- ハリス8〜14号 1.5〜3m
- 大型両軸リール
- オモリ 50〜200号
- ハリ 泳がせ20〜30号

キンメダイ

キンメ

分布
東北以南の太平洋側

エサ
イカの短冊、サンマ・サバの切り身

<特徴>

　水深300〜800mの岩礁帯で群れで生活している。夜には水深100mまで上昇してエサを捕食することも。体はピンクだが、死ぬと真っ赤になる。

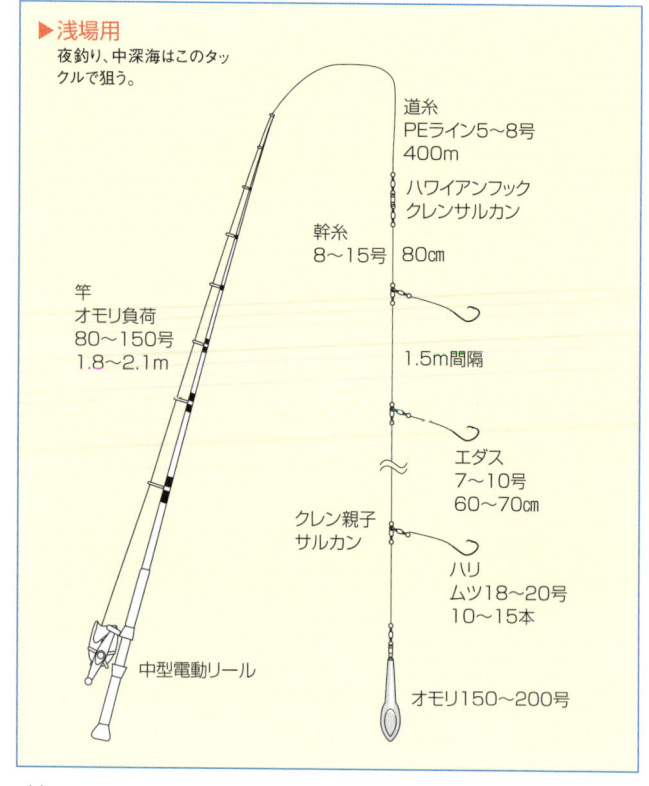

▶浅場用

夜釣り、中深海はこのタックルで狙う。

- 道糸　PEライン5〜8号　400m
- ハワイアンフック　クレンサルカン
- 幹糸　8〜15号　80cm
- 1.5m間隔
- エダス　7〜10号　60〜70cm
- クレン親子サルカン
- ハリ　ムツ18〜20号　10〜15本
- オモリ150〜200号
- 竿　オモリ負荷80〜150号　1.8〜2.1m
- 中型電動リール

| 1 | 2 | 3 | 4 | 5 | 6 | 7 | 8 | 9 | 10 | 11 | 12 |

<釣り方のポイント>

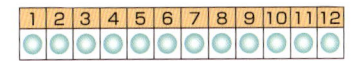

　同じ深海魚のアコウダイと、ほとんど同じ仕掛けである。ただし、アコウよりも浅場を狙う場合もある。釣り方のポイントとしては、オモリが必ず海底に付いているようにすることがあげられる。海底の起伏のせいで、知らないうちに底を離れてしまわないよう気をつける。アタリがあれば糸を送り込み、追い食いさせたあと、スムーズに上げる。口が弱いので強いアワセは避け、最後に取り込むときもタモを使うようにしたい。アコウと違い水圧の変化に強いので最後まで引き味を楽しめるのがうれしい。

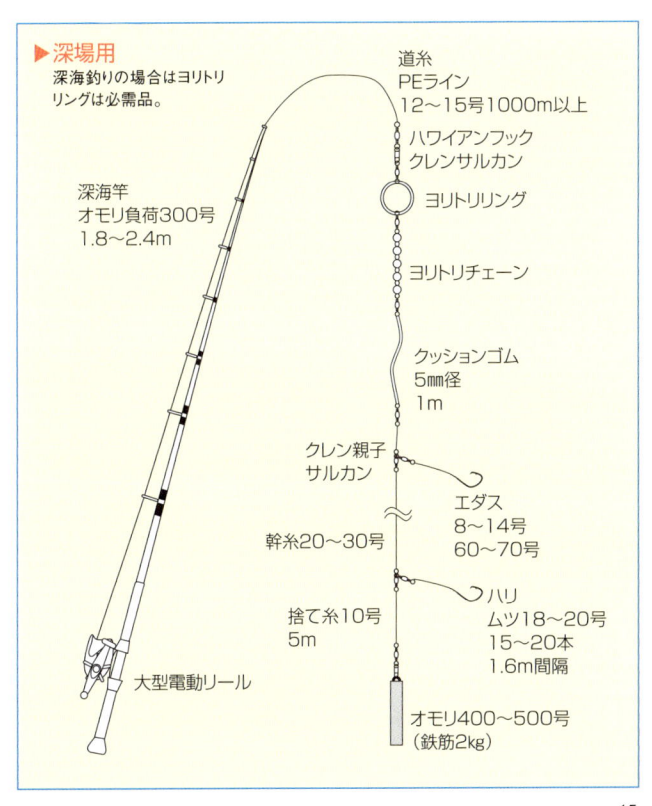

I 海釣り

▶深場用
深海釣りの場合はヨリトリリングは必需品。

深海竿
オモリ負荷300号
1.8～2.4m

道糸
PEライン
12～15号1000m以上

ハワイアンフック
クレンサルカン

ヨリトリリング

ヨリトリチェーン

クッションゴム
5mm径
1m

クレン親子
サルカン

エダス
8～14号
60～70号

幹糸20～30号

ハリ
ムツ18～20号
15～20本
1.6m間隔

捨て糸10号
5m

大型電動リール

オモリ400～500号
(鉄筋2kg)

クロダイ①

チヌ、カイズ

分布
北海道南部以南

エサ
オキアミ、カラス貝、カニ、イソメ類

<特徴>

沿岸の岩礁帯や砂泥地、汽水域などその生息範囲は幅広い。エサに関しても何でも食べる悪食だが、警戒心が大変強い。産卵期の4～6月は浅場に集まる。

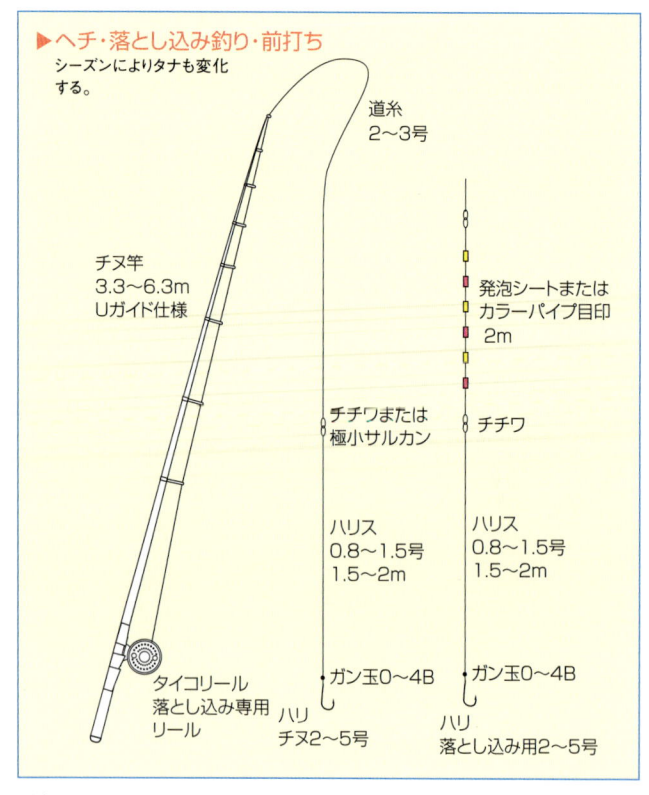

▶ヘチ・落とし込み釣り・前打ち

シーズンによりタナも変化する。

道糸
2～3号

チヌ竿
3.3～6.3m
Uガイド仕様

発泡シートまたは
カラーパイプ目印
2m

チチワまたは
極小サルカン

チチワ

ハリス
0.8～1.5号
1.5～2m

ハリス
0.8～1.5号
1.5～2m

タイコリール
落とし込み専用
リール

ガン玉0～4B

ガン玉0～4B

ハリ
チヌ2～5号

ハリ
落とし込み用2～5号

1	2	3	4	5	6	7	8	9	10	11	12
			○	○	○	○	○	○	○	○	

磯　　堤

<釣り方のポイント>

　堤防釣りを中心とした陸釣りでは、もっとも人気があるといっても過言ではない。そのため釣り方も実に多種に及ぶ。本格的堤防釣り師に人気があるのが関東のヘチ釣り、名古屋、関西の落とし込み釣り、前打ちだ。どちらも堤防に付いたカラス貝やカニを食べにくるクロダイを狙う釣り方で、自然にエサが落下する様子を演出することがポイントとなる。アタリは糸フケまたは目印の微妙な変化でとらえ、アタリがあれば素早くアワせてやる。アタリがなければ少し移動してまたエサを落とし込む。

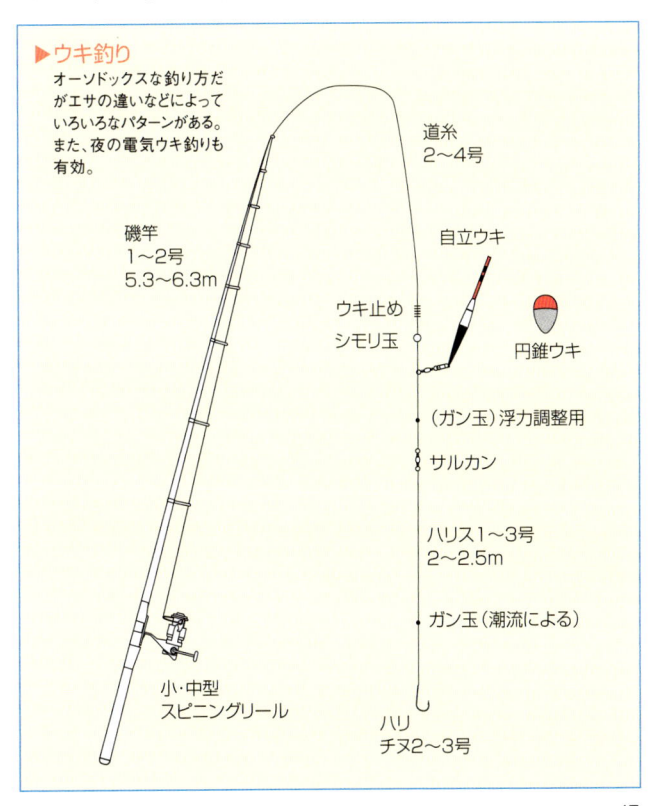

Ⅰ　海釣り

▶ウキ釣り

オーソドックスな釣り方だがエサの違いなどによっていろいろなパターンがある。また、夜の電気ウキ釣りも有効。

磯竿
1〜2号
5.3〜6.3m

道糸
2〜4号

自立ウキ

ウキ止め
シモリ玉

円錐ウキ

(ガン玉)浮力調整用

サルカン

ハリス1〜3号
2〜2.5m

ガン玉(潮流による)

小・中型
スピニングリール

ハリ
チヌ2〜3号

47

クロダイ ②

チヌ、カイズ

　ウキ釣りはオーソドックスな狙い方だが、その分地方によりさまざまな仕掛けの違いがある。エサもサナギ、スイカなどさまざま。警戒心がゆるむ夕マズメから夜に電気ウキ釣りで狙うのも有効である。また、近年秋の数釣りシーズンに有効な釣り方として注目を集めているのがウキダンゴ釣り（紀州釣り）だ。サシエをマキエで作ったダンゴでくるみ、ポイントに投げ入れる。海底に達するまではダンゴはエサ取りからサシエを守り、着底したときにダンゴが割れると、ダンゴはマキエとして流れる。この着底したときにダンゴがうまく割れるようにするのがコツ。

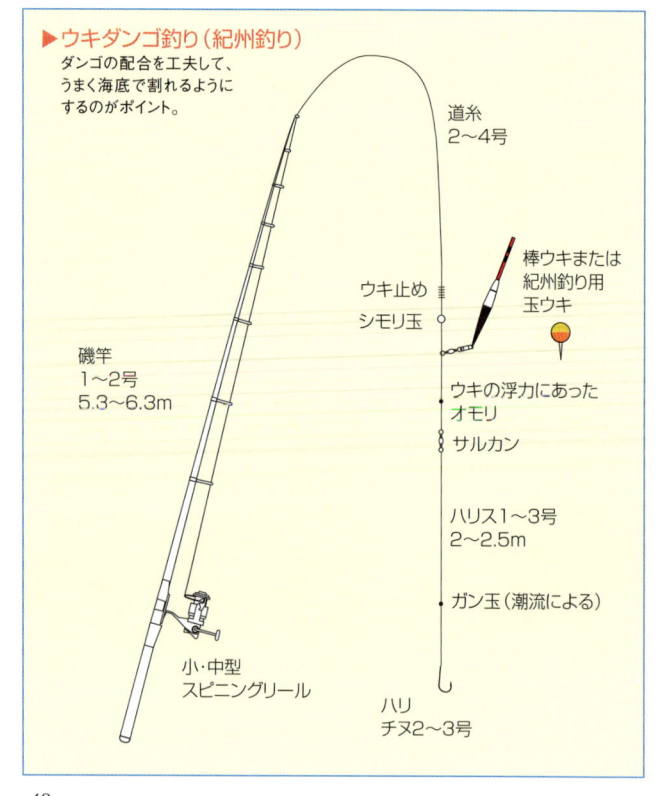

▶ウキダンゴ釣り（紀州釣り）

ダンゴの配合を工夫して、うまく海底で割れるようにするのがポイント。

- 道糸 2～4号
- 磯竿 1～2号 5.3～6.3m
- ウキ止め シモリ玉
- 棒ウキまたは紀州釣り用玉ウキ
- ウキの浮力にあったオモリ
- サルカン
- ハリス1～3号 2～2.5m
- ガン玉（潮流による）
- 小・中型スピニングリール
- ハリ チヌ2～3号

1	2	3	4	5	6	7	8	9	10	11	12
			○	○	○	○	○	○	○	○	

堤　投

　ぶっ込み釣りは河口域などウキ釣りでは攻めづらい場所を狙うときに有効な釣り方である。根やカケアガリなど変化のある場所へ仕掛けを投げ入れ、あとは置き竿にして待てばよい。アワセも基本的に向こうアワセとなる。オモリはそのポイントの潮により重さを調節すればよい。クロダイはイカダ釣り、かかり釣りも盛ん。この場合フカセ釣りで、ダンゴを使うのが一般的である。穂先の細いイカダ竿で、繊細なアタリを取り、素早くあわせる。警戒心の強いクロダイを釣るため、イカダ上ではできるだけ物音を立てないように気をつけて釣らなくてはならない。

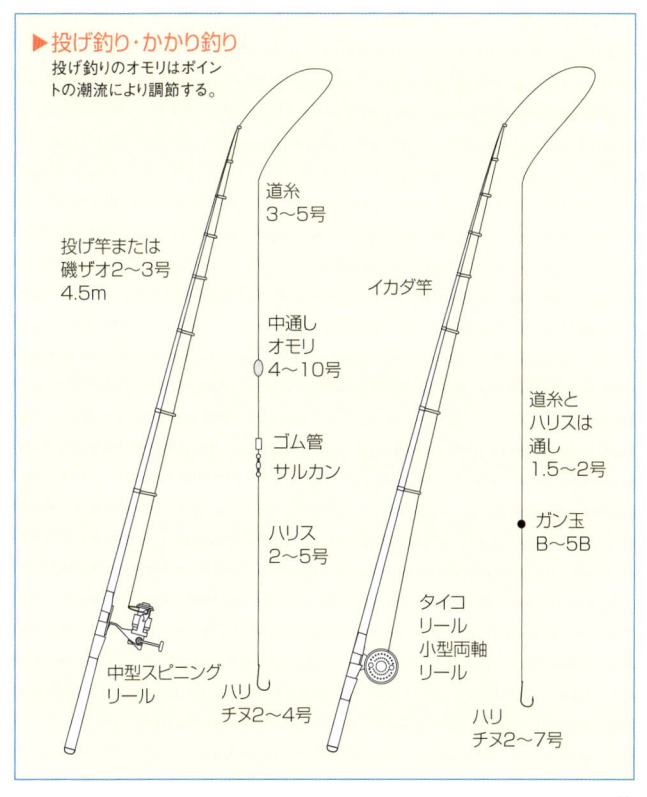

Ⅰ　海釣り

▶投げ釣り・かかり釣り

投げ釣りのオモリはポイントの潮流により調節する。

投げ竿または磯ザオ2～3号 4.5m
- 道糸 3～5号
- 中通しオモリ 4～10号
- ゴム管
- サルカン
- ハリス 2～5号
- 中型スピニングリール
- ハリ チヌ2～4号

イカダ竿
- 道糸とハリスは通し 1.5～2号
- ガン玉 B～5B
- タイコリール 小型両軸リール
- ハリ チヌ2～7号

サバ

ホンサバ、ヒラサバ、タックリ

分布
日本各地

エサ
オキアミ、アミエビ

<特徴>

沿岸から沖合いまで広範囲に回遊している。背に暗緑色の斑模様がある。傷むのが早いので、釣れたらすぐにエラ、ハラワタを取り除き血抜きする。

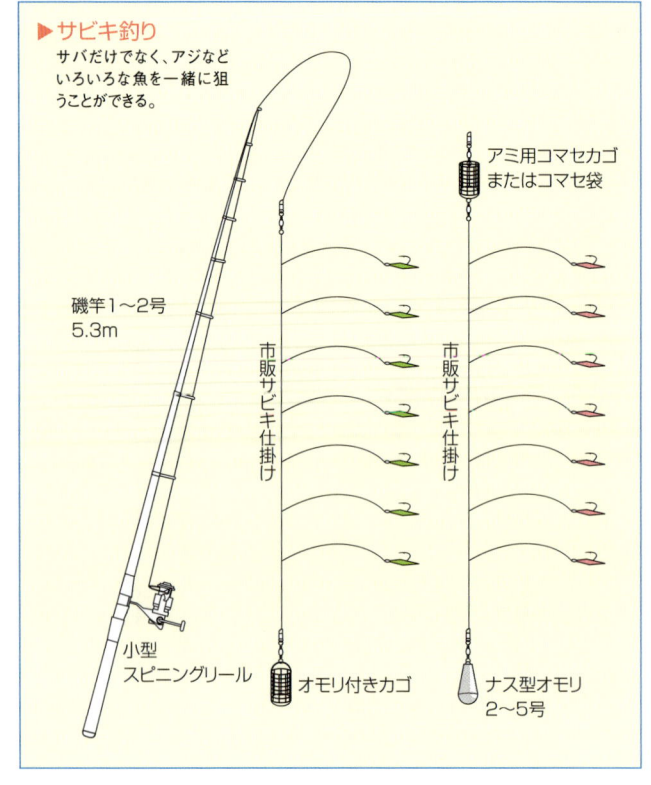

▶ サビキ釣り

サバだけでなく、アジなどいろいろな魚を一緒に狙うことができる。

- 磯竿1〜2号 5.3m
- 小型スピニングリール
- 市販サビキ仕掛け
- オモリ付きカゴ
- アミ用コマセカゴまたはコマセ袋
- 市販サビキ仕掛け
- ナス型オモリ 2〜5号

1	2	3	4	5	6	7	8	9	10	11	12
○	○	○	○	○	○	○	○	○	○	○	○

磯　堤　船

<釣り方のポイント>

サバの釣り方は、基本的にアジと同じ。堤防からならサビキ釣りで小型を狙うことができる。ただし、タナはアジよりも高いので中層付近を狙うとよい。サバは横に走るので、堤防ではオマツリしやすい。サバが掛かったらあまり追い食いさせずに素早く取り込もう。船釣りではビシ釣りが中心となるが、この場合も中層を狙い、アタリダナを見つけて、そこに群れを居着かせるようにコマセをまけば、入れ食いになる。横に走るのでハリスは太めで短めがちょうどよい。

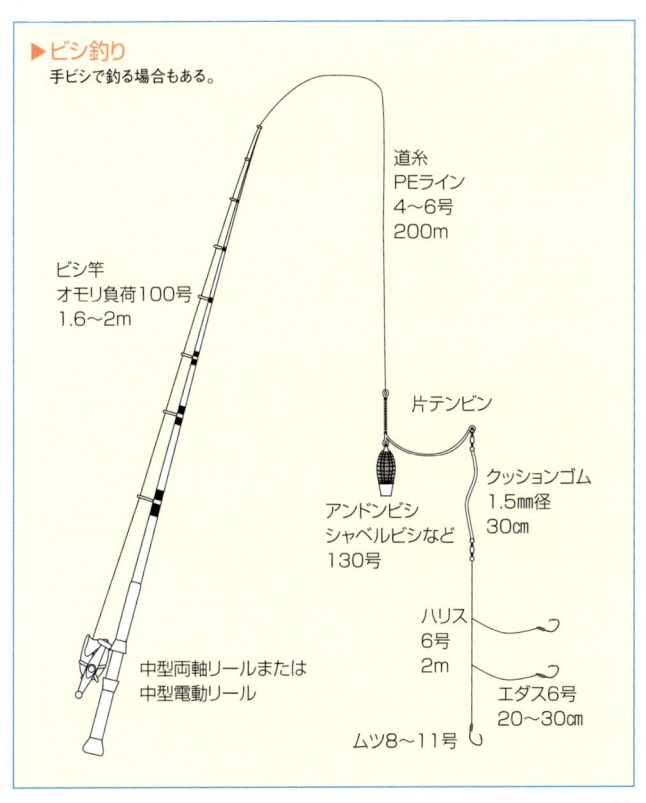

Ⅰ 海釣り

▶ビシ釣り
手ビシで釣る場合もある。

- ビシ竿 オモリ負荷100号 1.6〜2m
- 道糸 PEライン 4〜6号 200m
- 片テンビン
- アンドンビシ シャベルビシなど 130号
- クッションゴム 1.5mm径 30cm
- 中型両軸リールまたは中型電動リール
- ハリス 6号 2m
- エダス6号 20〜30cm
- ムツ8〜11号

サヨリ

ハリウオ、タチナガ、ナガイワシ

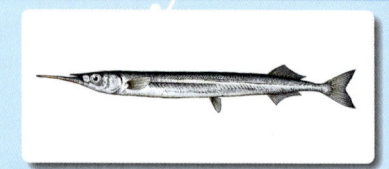

分布
日本各地

エサ
アミエビ、ハンペンなど

<特徴>

　湾内や河口域を群れて回遊し、春から夏にかけては岸のすぐ近くに寄る。表層のすぐ近くを泳ぐため、見ながら釣ることができる。性質は臆病なので、岸近くでは驚かさないようにしたい。

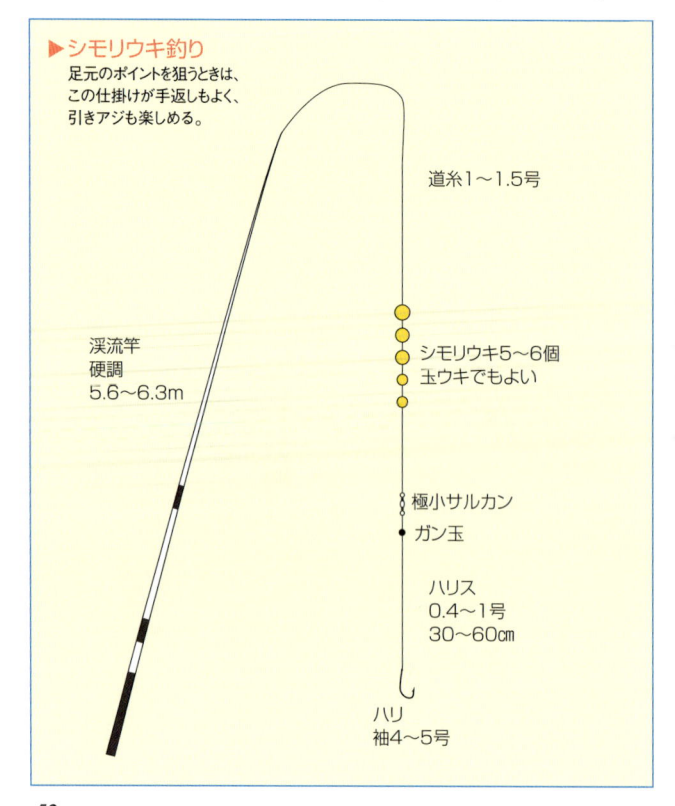

▶シモリウキ釣り
足元のポイントを狙うときは、この仕掛けが手返しもよく、引きアジも楽しめる。

道糸1〜1.5号

渓流竿
硬調
5.6〜6.3m

シモリウキ5〜6個
玉ウキでもよい

極小サルカン
ガン玉

ハリス
0.4〜1号
30〜60cm

ハリ
袖4〜5号

1	2	3	4	5	6	7	8	9	10	11	12
			○	○	○	○	○	○	○	○	

堤

<釣り方のポイント>

サヨリはコマセをまいて群れを寄せてから、仕掛けを投入して狙う。ポイントは防波堤先端など潮通しの良いところが中心となる。群れが岸のすぐ近くに来ているときは渓流竿を使って手返しよく釣り、沖合いに集まっているときは転倒飛ばしウキなどを使い遠投すると効果的である。アタリがあれば、すぐにアワセを入れて引き上げ、群れを驚かさないようにしたい。また、エサを飲み込んでしまうことがあるので、ハリスは自動ハリス止めを使って接続すると、交換が素早くできて便利。

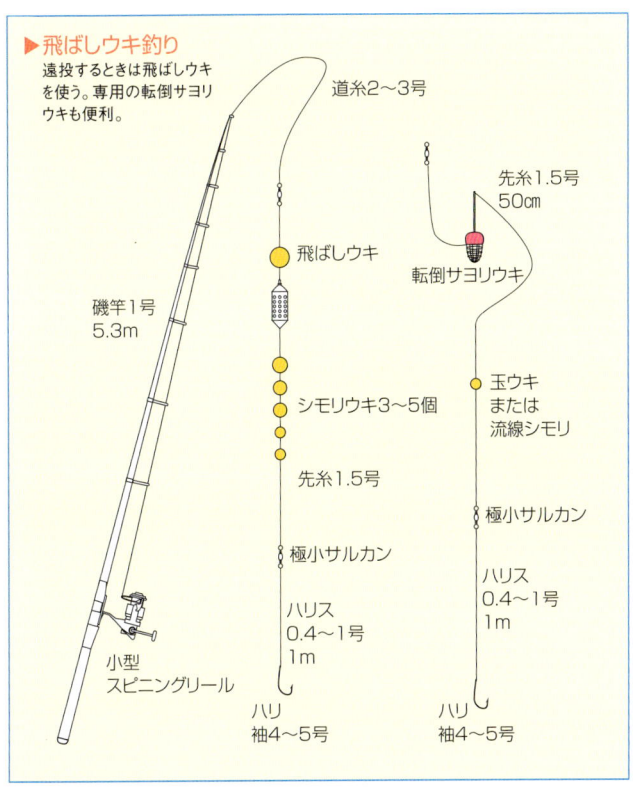

▶飛ばしウキ釣り

遠投するときは飛ばしウキを使う。専用の転倒サヨリウキも便利。

- 道糸2～3号
- 先糸1.5号 50cm
- 飛ばしウキ
- 転倒サヨリウキ
- 磯竿1号 5.3m
- シモリウキ3～5個
- 玉ウキまたは流線シモリ
- 先糸1.5号
- 極小サルカン
- 極小サルカン
- 小型スピニングリール
- ハリス0.4～1号 1m
- ハリス0.4～1号 1m
- ハリ 袖4～5号
- ハリ 袖4～5号

シマアジ

オオカミ（老成魚）、コセアジ、ヒラアジ

分布
東北以南

エサ
オキアミ、イワシミンチ

<特徴>

沿岸の岩礁帯や沖合いの中層域を回遊し、最大で1mにまで成長する。小型から中型のものは内湾の岩礁帯も回遊する。アジ科に特有のゼイゴを持つ。

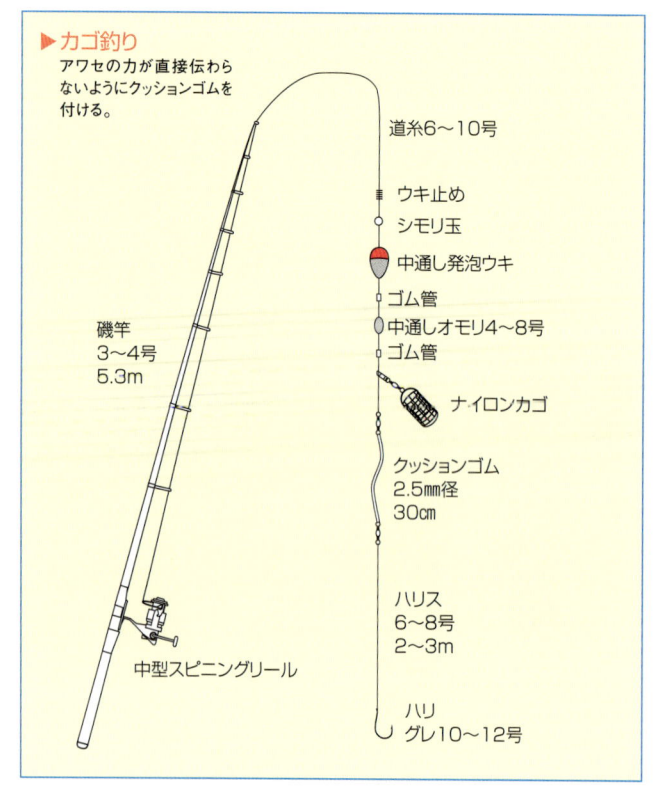

▶カゴ釣り

アワセの力が直接伝わらないようにクッションゴムを付ける。

- 道糸6～10号
- ウキ止め
- シモリ玉
- 中通し発泡ウキ
- ゴム管
- 中通しオモリ4～8号
- ゴム管
- ナイロンカゴ
- クッションゴム 2.5mm径 30cm
- ハリス 6～8号 2～3m
- ハリ グレ10～12号

磯竿 3～4号 5.3m

中型スピニングリール

1	2	3	4	5	6	7	8	9	10	11	12
○	○	○	○	○	○	○	○	○	○	○	○

磯　堤　船

I 海釣り

<釣り方のポイント>

　陸からはカゴ釣りで狙う。コマセをまいて群れを寄せてから仕掛けを投入する。ハリ掛かりすると真下にもぐりこもうとする性質があるので、しっかりと竿を立てて、浮かせるようにする。また、小型は口が弱いので強引にアワセると、バラしてしまう。船からはビシ釣りで狙う。群れに当たったら、居着くようにコマセを切らさずにまき続け、その中にサシエが流れるようにする。ハリ掛かりのあとは竿を立てて、下へ突っ込まれないようにする。このときも口が切れないように無理に引き上げないこと。

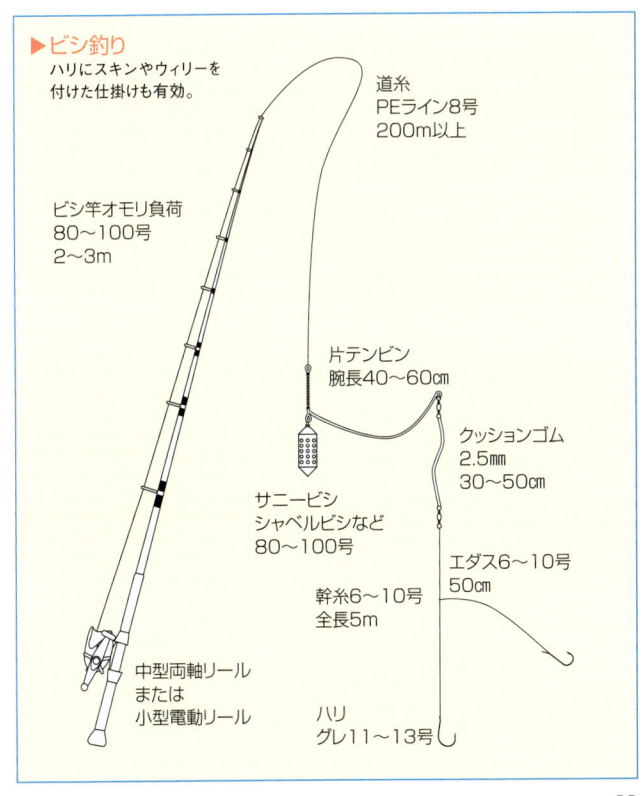

▶ビシ釣り
ハリにスキンやウィリーを付けた仕掛けも有効。

道糸
PEライン8号
200m以上

ビシ竿オモリ負荷
80～100号
2～3m

片テンビン
腕長40～60㎝

クッションゴム
2.5mm
30～50㎝

サニービシ
シャベルビシなど
80～100号

エダス6～10号
50㎝

幹糸6～10号
全長5m

中型両軸リール
または
小型電動リール

ハリ
グレ11～13号

シロギス

キス、キスゴ

分布
北海道南部以南

エサ
イソメ類、ゴカイ類

<特徴>

沿岸や外海の砂底に住み、環虫類などを捕食している。夏の産卵期になると浅場に寄ってくるので、そのときが投げ釣りやボート釣りのシーズンとなる。深場に落ちる冬は船釣りが盛ん。

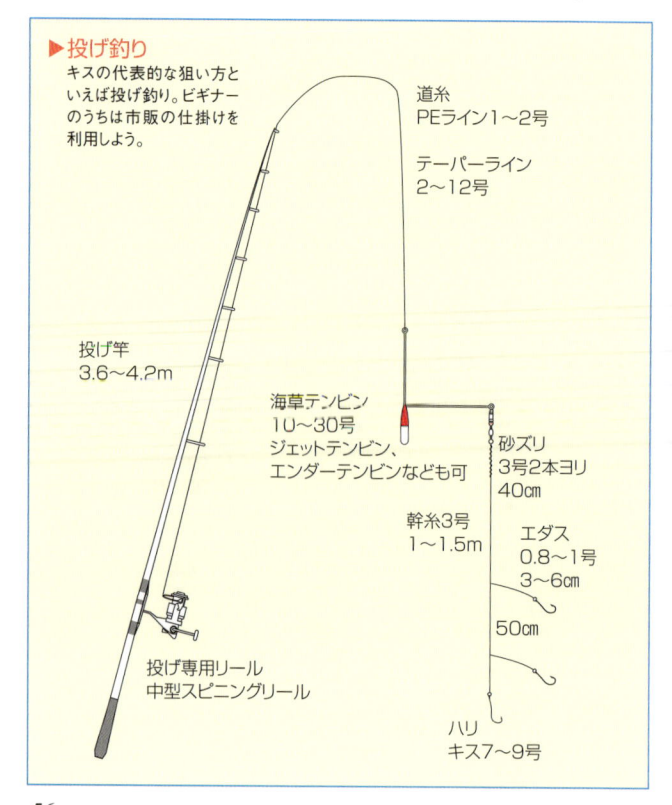

▶投げ釣り

キスの代表的な狙い方といえば投げ釣り。ビギナーのうちは市販の仕掛けを利用しよう。

道糸
PEライン1〜2号

テーパーライン
2〜12号

投げ竿
3.6〜4.2m

海草テンビン
10〜30号
ジェットテンビン、
エンダーテンビンなども可

砂ズリ
3号2本ヨリ
40cm

幹糸3号
1〜1.5m

エダス
0.8〜1号
3〜6cm

50cm

投げ専用リール
中型スピニングリール

ハリ
キス7〜9号

1	2	3	4	5	6	7	8	9	10	11	12
			○	○	○	○	○	○	○	○	○

投　堤　船

<釣り方のポイント>

　投げ釣りで狙う場合、仕掛けを少しずつ引きながらヨブのあるところで止めて、アタリを待つようにする。キスは群れて行動しているので、アタリがあってもそのまま引き続ければ一荷釣りすることができる。1度釣れたポイントで、何度も掛かってくる可能性もある。意外に岸近くにいることも多いので、広範囲に探ってみることも釣果を伸ばす方法だ。船釣りの場合、片テンビン仕掛けで狙う。やはり広範囲に探るのが釣果を上げるコツ。食いがあまりよくないときは遊動仕掛けを使ってもいい。

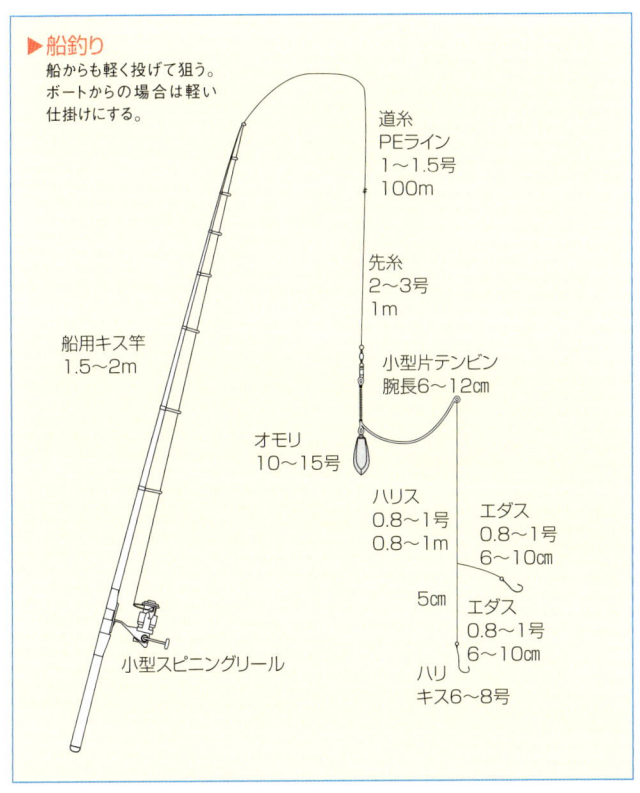

▶船釣り
船からも軽く投げて狙う。ボートからの場合は軽い仕掛けにする。

- 船用キス竿 1.5～2m
- 小型スピニングリール
- 道糸 PEライン 1～1.5号 100m
- 先糸 2～3号 1m
- 小型片テンビン 腕長6～12cm
- オモリ 10～15号
- ハリス 0.8～1号 0.8～1m
- エダス 0.8～1号 6～10cm
- 5cm
- エダス 0.8～1号 6～10cm
- ハリ キス6～8号

I 海釣り

スズキ①

セイゴ、フッコ、ハネ（いずれも若魚）

分布
日本各地

エサ
イソメ類、ゴカイ類、生きエビ、ルアーなど

<特徴>

磯から河口域、ときには淡水域と幅広く行動し、小魚、イソメ類などを捕食している。成長するにつれ名前が変化する出世魚。セイゴ→フッコ（関東）、ハネ（関西）→スズキと変わる。

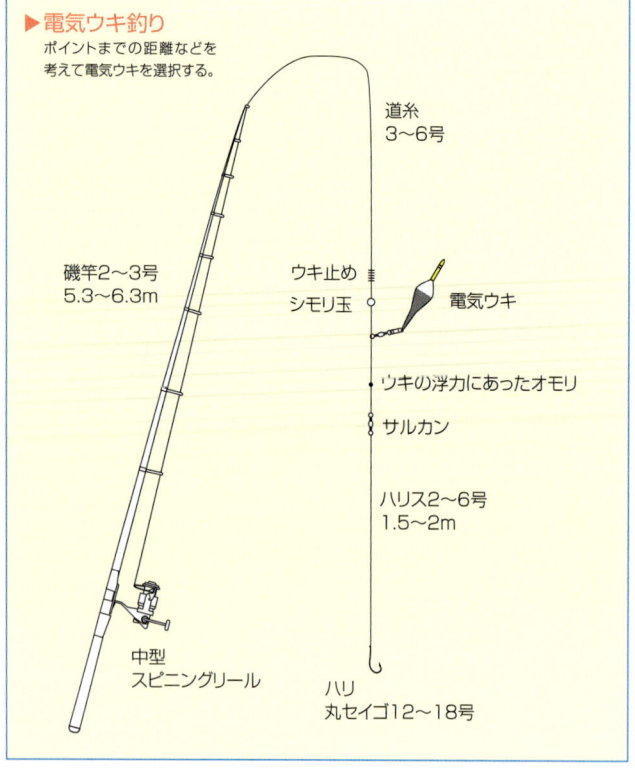

▶電気ウキ釣り

ポイントまでの距離などを考えて電気ウキを選択する。

- 道糸 3～6号
- 磯竿2～3号 5.3～6.3m
- ウキ止め
- シモリ玉
- 電気ウキ
- ウキの浮力にあったオモリ
- サルカン
- ハリス2～6号 1.5～2m
- 中型スピニングリール
- ハリ 丸セイゴ12～18号

1	2	3	4	5	6	7	8	9	10	11	12
				○	○	○	○	○	○	○	○

投 磯 堤

<釣り方のポイント>

夕マズメから活発に活動する魚なので、夜釣りの方が確率が高い。エサ釣りで狙う場合、夜の電気ウキ釣りかぶっ込み釣りで狙う。エサはアオイソメの房掛けが一般的だが、生きエビを使う場合もある。大型を狙うなら生きアジを付けた泳がせ釣りがよい。ウキ釣りの場合は、ウキ下は季節により異なるが1ヒロから2ヒロが標準。アタリがなければ、時折仕掛けを引くなどして誘ってやるとよい。アタリがあれば、少し間をおいてから合わせてやるとよい。ポイントが遠いところではぶっ込み釣りが有利。

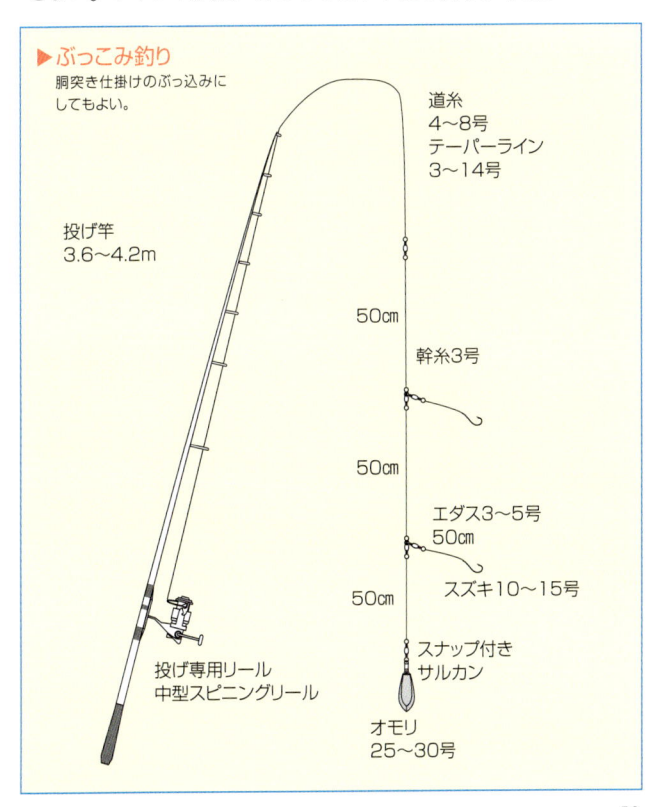

Ⅰ 海釣り

▶ぶっこみ釣り
胴突き仕掛けのぶっこみにしてもよい。

- 投げ竿 3.6〜4.2m
- 道糸 4〜8号
- テーパーライン 3〜14号
- 50㎝
- 幹糸3号
- 50㎝
- エダス3〜5号 50㎝
- スズキ10〜15号
- 50㎝
- 投げ専用リール 中型スピニングリール
- スナップ付きサルカン
- オモリ 25〜30号

スズキ②

セイゴ、フッコ、ハネ（若魚）

　近年、スズキはシーバスという名でルアーフィッシングの人気の対象魚となっている。ポイントはエサ釣りの場合と同じで堤防先端など潮に変化のある所や電灯の下など小魚が群れているところとなる。それらのポイントで、いかに状況にマッチしたルアーを効果的なアクションでシーバスに食わせるかが釣果の分かれ目となる。ルアーはメタルジグからトップウォーターミノー、そしてソフトワームまで、さまざまなパターンが考えられる。また、船からのシーバスフィッシングも盛ん。何といっても陸から狙えないポイントが攻められるのが強みである。

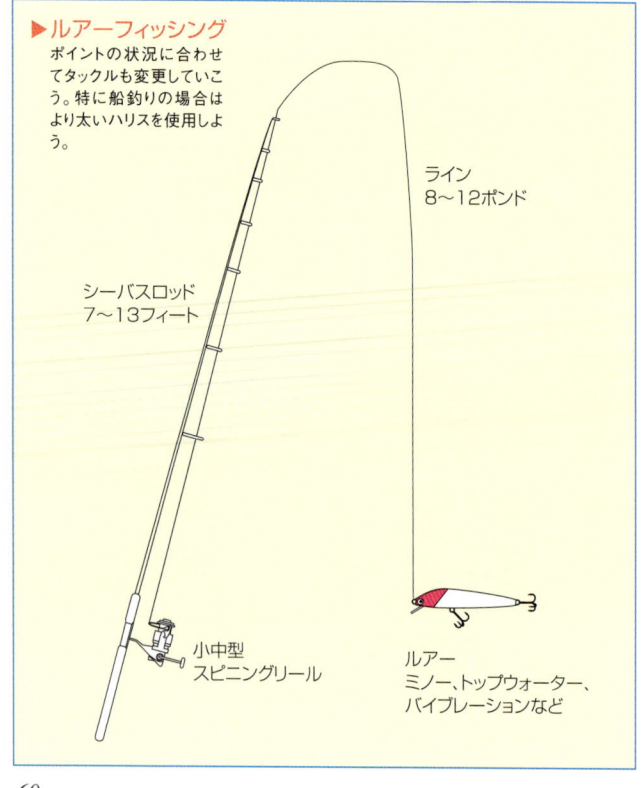

▶ **ルアーフィッシング**
ポイントの状況に合わせてタックルも変更していこう。特に船釣りの場合はより太いハリスを使用しよう。

ライン
8〜12ポンド

シーバスロッド
7〜13フィート

小中型
スピニングリール

ルアー
ミノー、トップウォーター、
バイブレーションなど

1	2	3	4	5	6	7	8	9	10	11	12
				○	○	○	○	○	○	○	○

磯　堤　船

　船からのエサ釣りでは鋳込みテンビンを使った仕掛けが関東で人気が高い。エサは生きエビを使い、ハリにヒューズオモリを巻くのが特徴。生きエビを殺さないように刺し、狙ったタナに仕掛けを投入する。スズキは警戒心が強いので、一気にエサを食わえこまない。そこで、小さな前アタリが出たときは、少し糸を送り込んで間をおいてから、しっかりとハリ掛かりするようにアワセてやるとよい。陸釣りのときと同じで、エラ洗いには十分気をつけ、水面近くまで浮いてきたなら、糸をたるませないようにしながら取り込むようにしたい。

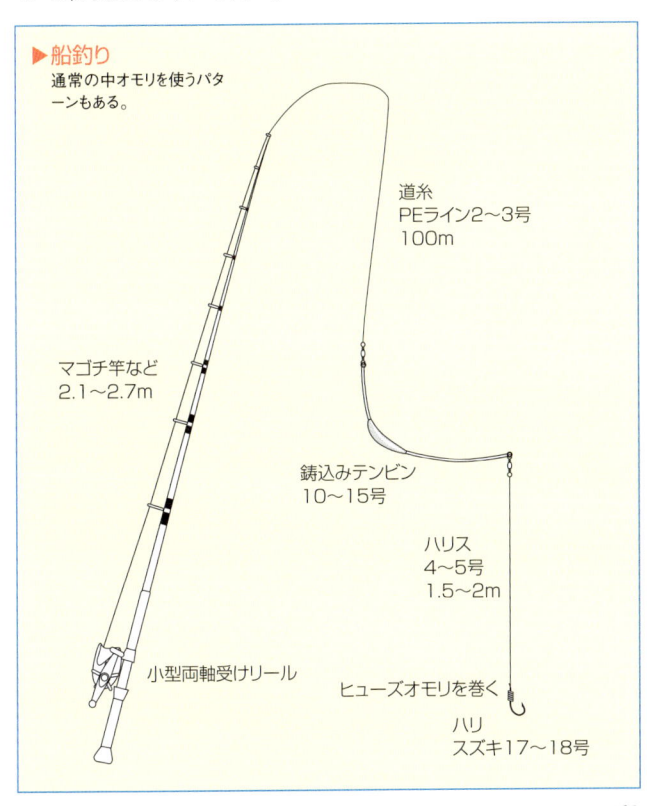

Ⅰ　海釣り

▶船釣り

通常の中オモリを使うパターンもある。

- マゴチ竿など 2.1〜2.7m
- 道糸 PEライン2〜3号 100m
- 鋳込みテンビン 10〜15号
- ハリス 4〜5号 1.5〜2m
- 小型両軸受けリール
- ヒューズオモリを巻く
- ハリ スズキ17〜18号

タカベ

ベント

分布
関東以南

エサ
イソメ類、甲殻類など

<特徴>

岩礁帯で群れを作って生活している。イサキに似た体型で体側の背側に黄色の縦縞がある。関東域では好んで釣られるが、関西ではエサ取りとして嫌われている。

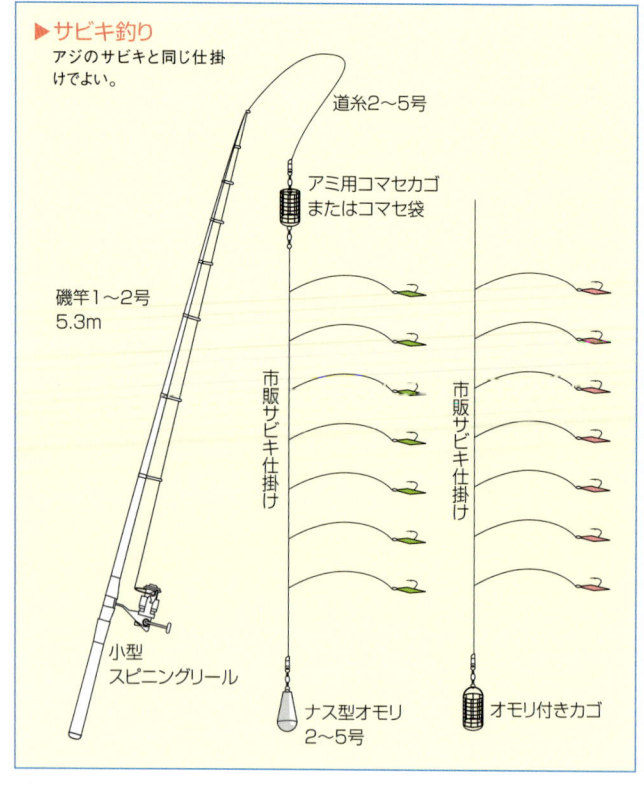

▶サビキ釣り

アジのサビキと同じ仕掛けでよい。

- 磯竿1～2号 5.3m
- 小型スピニングリール
- 道糸2～5号
- アミ用コマセカゴまたはコマセ袋
- 市販サビキ仕掛け
- ナス型オモリ 2～5号
- 市販サビキ仕掛け
- オモリ付きカゴ

1	2	3	4	5	6	7	8	9	10	11	12
				○	○	○	○	○	○		

磯　堤

<釣り方のポイント>

　サビキ釣りまたはウキ釣りで狙う。どちらもコマセを途切れないようにまいて群れを定着させてやるのが、釣果を伸ばすコツだ。小型の数釣りならサビキ釣りが有利だが、状況によってはサビキにまったく掛からない日もある。着実に釣り上げたいならウキ釣りの仕掛けも用意しておこう。ウキ釣りでは渓流竿などを使い、アミエビを房掛けして狙う。手返しよく釣っていけば、サビキにも負けない釣果を得ることもできる。アタリは明確に出るので、素早く合わせる。

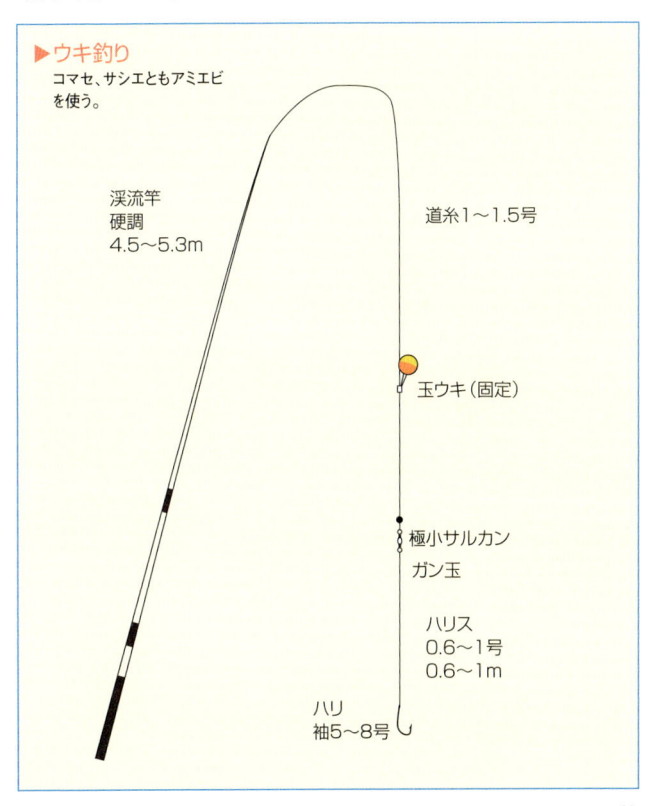

▶ウキ釣り
コマセ、サシエともアミエビを使う。

- 渓流竿 硬調 4.5～5.3m
- 道糸1～1.5号
- 玉ウキ(固定)
- 極小サルカン
- ガン玉
- ハリス 0.6～1号 0.6～1m
- ハリ 袖5～8号

タコ（マダコ）

タコ

分布
北海道南部以南

エサ
カニ、魚の切り身

<特徴>

　沿岸の岩礁帯や砂泥地で生活している。真水に弱いとされ、雨の日は釣果が出ない。大きいものは60cmを超える。また、定着して生活するものと移動を繰り返す回遊性のものがいる。

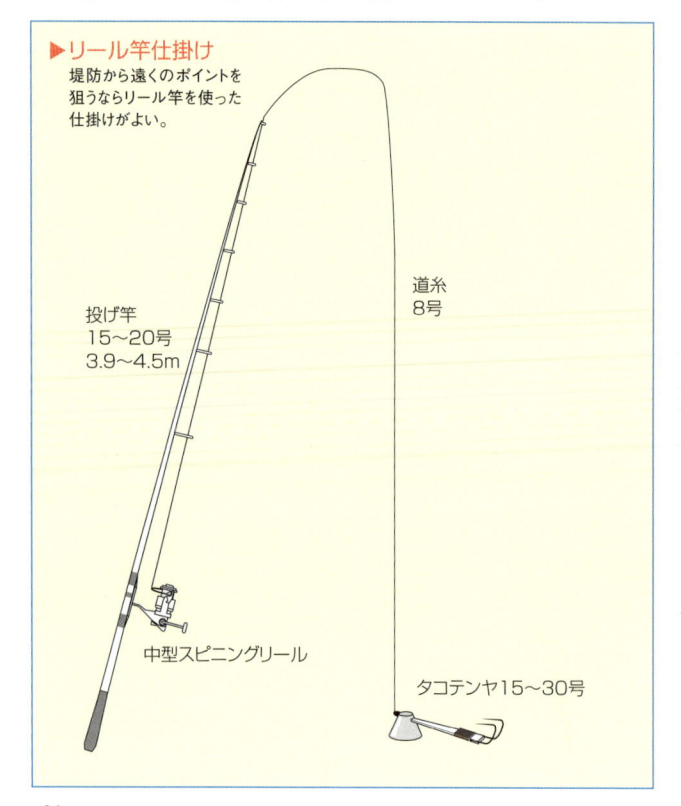

▶リール竿仕掛け

堤防から遠くのポイントを狙うならリール竿を使った仕掛けがよい。

投げ竿
15〜20号
3.9〜4.5m

中型スピニングリール

道糸
8号

タコテンヤ15〜30号

1	2	3	4	5	6	7	8	9	10	11	12
					○	○	○	○	○	○	

投 堤 船

<釣り方のポイント>

　タコテンヤを使って狙うのが一般的。テンヤにイシガニ、ワタリガニを裏返してしばり、ポイントに投げ入れる。底に着いたら、テンヤが踊るようにイメージしながら、糸を上下させる。タコが乗れば、重みを感じるのでしばらく置いて、しっかりと乗せてから大きくアワセる。このとき中途半端なアワセだとはりつかれてしまう可能性がある。竿釣りと手釣りの2パターンがあり、堤防からの場合、ポイントが遠いなら竿釣りで堤防足元を狙うなら手釣りのほうが扱いやすい。船釣りは手釣りが一般的。

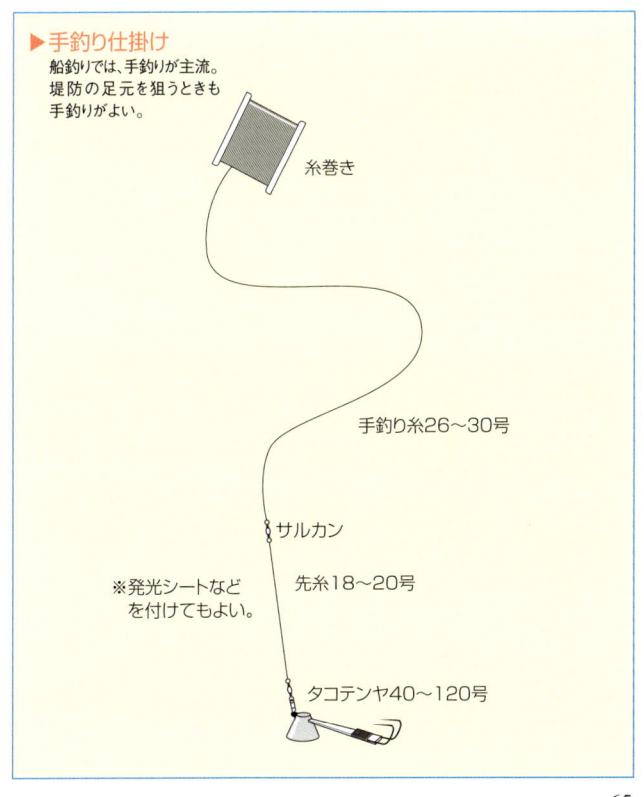

▶手釣り仕掛け

船釣りでは、手釣りが主流。
堤防の足元を狙うときも
手釣りがよい。

糸巻き

手釣り糸26〜30号

サルカン

※発光シートなど
　を付けてもよい。

先糸18〜20号

タコテンヤ40〜120号

タコ（イイダコ）

ヒトクチタコ、マダコ

分布
北海道南部以南

エサ
ラッキョウ、豚肉

<特徴>

　全長30cm以下の小型のタコで、砂泥地に住む。腕の付け根に目の模様が付いているのが特徴。産卵期には体内に飯粒状の卵を持っているため、イイダコの名がついた。

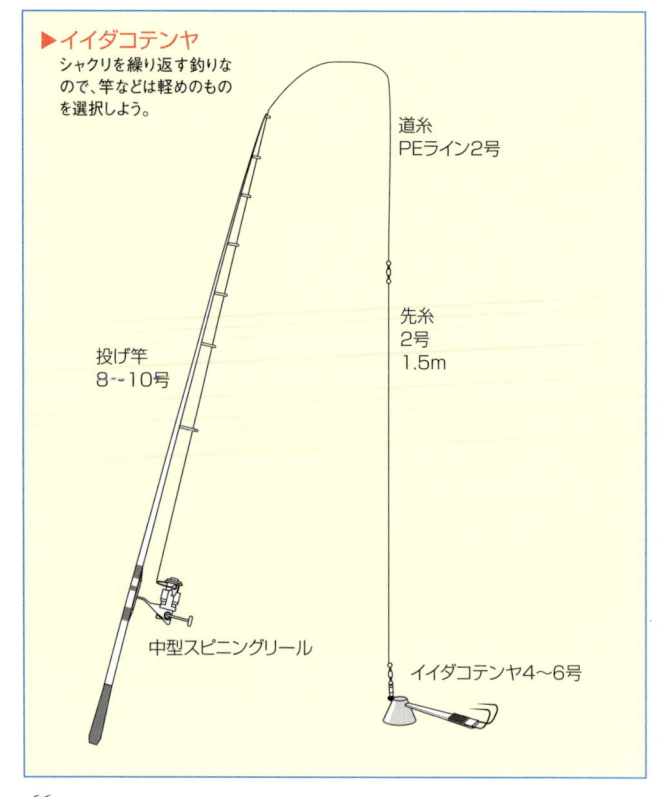

▶**イイダコテンヤ**
シャクリを繰り返す釣りなので、竿などは軽めのものを選択しよう。

- 道糸 PEライン2号
- 先糸 2号 1.5m
- 投げ竿 8～10号
- 中型スピニングリール
- イイダコテンヤ4～6号

1	2	3	4	5	6	7	8	9	10	11	12
○	○	○						○	○	○	○

投　堤　船

<釣り方のポイント>

　イイダコは専用のイイダコテンヤにラッキョウやブタの脂身などを付けて狙う。丸玉つきのテンヤや瀬戸物つきテンヤなどを使う場合もある。イイダコもマダコと同じように底を小突きながら、誘いをかけてやるとよい。このとき気をつけたいのはテンヤを底から浮かさないようにすること。イイダコにしてもマダコにしても底から離れることはほとんどないので、底から浮いてしまっては釣果は望めない。なお、船釣りの場合、イイダコテンヤはほとんどの船宿でレンタルされているので、そろえる必要はない。

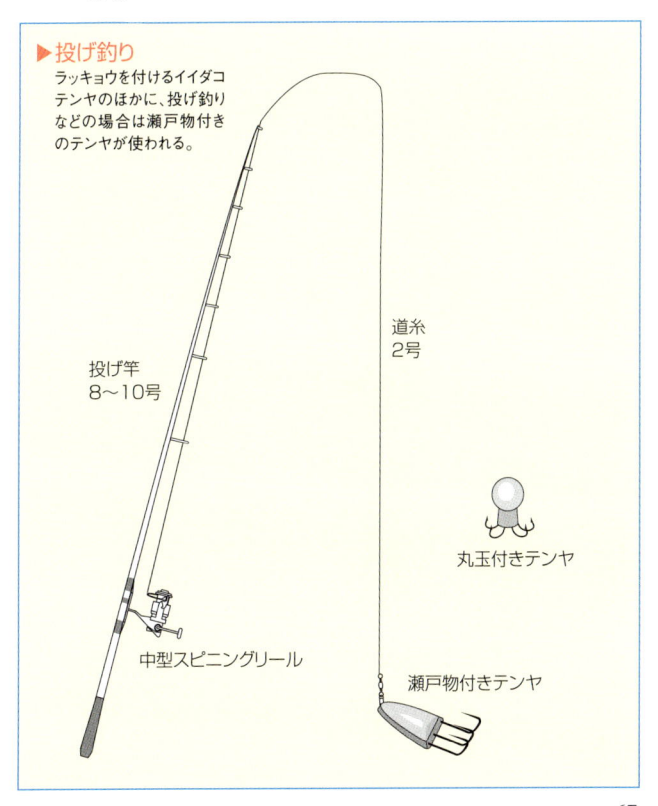

Ⅰ 海釣り

▶投げ釣り

ラッキョウを付けるイイダコテンヤのほかに、投げ釣りなどの場合は瀬戸物付きのテンヤが使われる。

投げ竿 8〜10号

道糸 2号

中型スピニングリール

丸玉付きテンヤ

瀬戸物付きテンヤ

タチウオ

タチ、ハクナギ

分布
北海道南部以南

エサ
サンマなどの切り身、キビナゴ、小魚

<特徴>

カタナのような細長い体をしており、水深30mぐらいからの海域で、群れで回遊しており、夜にはエサを取るために上層に浮いてくる。また、春から夏の産卵期には浅場に移動する。

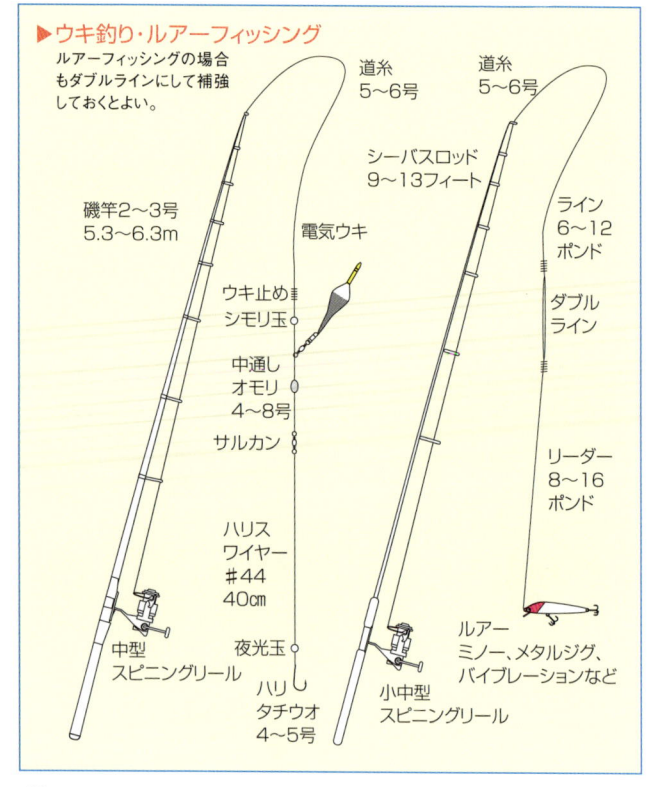

▶ウキ釣り・ルアーフィッシング

ルアーフィッシングの場合もダブルラインにして補強しておくとよい。

- 磯竿2～3号 5.3～6.3m
- 道糸 5～6号
- 電気ウキ
- ウキ止め
- シモリ玉
- 中通しオモリ 4～8号
- サルカン
- ハリスワイヤー #44 40cm
- 夜光玉
- ハリ タチウオ 4～5号
- 中型スピニングリール

- シーバスロッド 9～13フィート
- 道糸 5～6号
- ライン 6～12ポンド
- ダブルライン
- リーダー 8～16ポンド
- ルアー ミノー、メタルジグ、バイブレーションなど
- 小中型スピニングリール

1	2	3	4	5	6	7	8	9	10	11	12
						○	○	○	○	○	○

堤　船

<釣り方のポイント>

エサ釣りまたはルアーフィッシングで狙う。エサ釣りの場合は電気ウキ釣りで、アジやイワシの生きエサまたは冷凍のキビナゴなどを使う。タチウオの歯は非常に鋭く、飲み込まれるとナイロンハリスはすぐに切られてしまうのでワイヤーハリスを使うこと。船釣りでは魚の切り身などをエサにした片テン仕掛けで狙う。動くエサを追う習性があるので、誘いを入れてやるとアタリが出る確率が高くなる。この場合もワイヤーハリスを使ったり、夜光パイプを付けてハリスを切られないようにする。

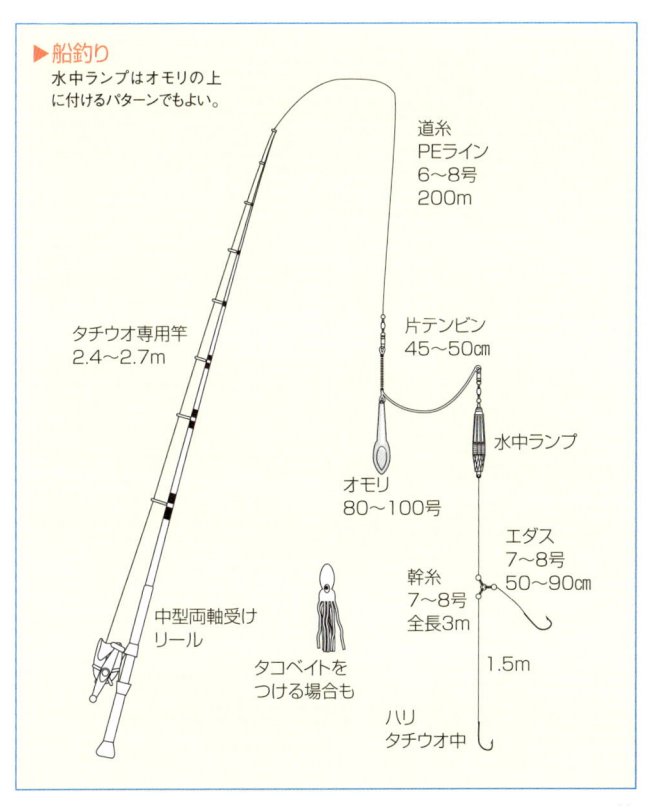

Ⅰ　海釣り

▶船釣り

水中ランプはオモリの上に付けるパターンでもよい。

- タチウオ専用竿 2.4～2.7m
- 中型両軸受けリール
- タコベイトをつける場合も
- 道糸 PEライン 6～8号 200m
- 片テンビン 45～50cm
- オモリ 80～100号
- 水中ランプ
- 幹糸 7～8号 全長3m
- エダス 7～8号 50～90cm
- 1.5m
- ハリ タチウオ中

ニベ・イシモチ

グチ

分布
本州以南

エサ
イソメ類、サンマ・サバの切り身

<特徴>

　通常、イシモチ釣りといって釣られる魚のほとんどはニベ。イシモチとの違いはエラブタの上に黒点がないこと。どちらも砂泥地に住み、小魚や底生動物を捕食し、冬には深場に落ちる。

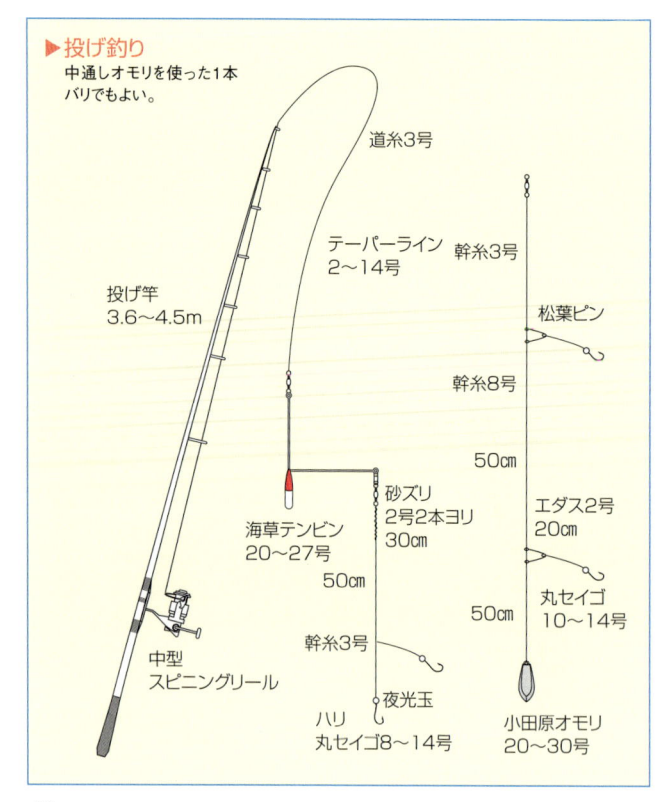

▶投げ釣り

中通しオモリを使った1本バリでもよい。

- 投げ竿 3.6〜4.5m
- 中型スピニングリール
- 道糸3号
- テーパーライン 2〜14号
- 海草テンビン 20〜27号
- 砂ズリ 2号2本ヨリ 30cm
- 幹糸3号
- 50cm
- ハリ 丸セイゴ8〜14号
- 夜光玉
- 幹糸3号
- 松葉ピン
- 幹糸8号
- 50cm
- エダス2号 20cm
- 50cm
- 丸セイゴ 10〜14号
- 小田原オモリ 20〜30号

1	2	3	4	5	6	7	8	9	10	11	12
						○	○	○	○	○	○

投　堤　船

<釣り方のポイント>

夜行性なので夜釣りで狙う方が有利。釣り方は投げ釣りで、ヨブを見つけてそこで待つ置き釣りがよい。群れていることが多いので、よいポイントを見つければ、好釣果が期待できる。また、夜は岸のすぐ近くに寄ってくるのでそれほど遠投する必要はない。

アタリがなければ、竿を軽くしゃくって誘いをかけることも必要。明確なアタリがあれば、2、3秒あけて軽くアワセを入れる。

ボート・船釣りで狙う場合は、日中でも狙うことができる。基本的な釣り方は投げ釣りの場合と同じ。

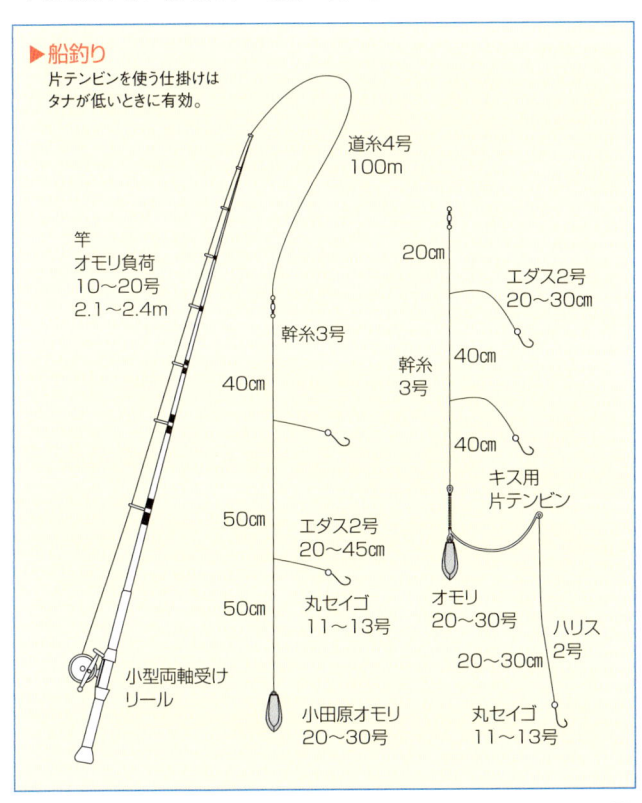

Ⅰ 海釣り

▶船釣り

片テンビンを使う仕掛けはタナが低いときに有効。

- 竿 オモリ負荷 10～20号 2.1～2.4m
- 道糸4号 100m
- 幹糸3号 40cm
- 50cm エダス2号 20～45cm
- 50cm 丸セイゴ 11～13号
- 小型両軸受けリール
- 小田原オモリ 20～30号
- 20cm
- 幹糸3号 40cm
- 40cm
- エダス2号 20～30cm
- キス用片テンビン
- オモリ 20～30号
- ハリス2号 20～30cm
- 丸セイゴ 11～13号

ハゼ①

カワギス

分布
北海道南部以南

エサ
ゴカイ類、イソメ類

<特徴>

河口域や内湾の砂泥地に住む、稚魚はデキハゼと呼ばれ浅場に大量に群れている。水温が下がるにつれ深場に移動する。通常は1〜2年しか生きない。

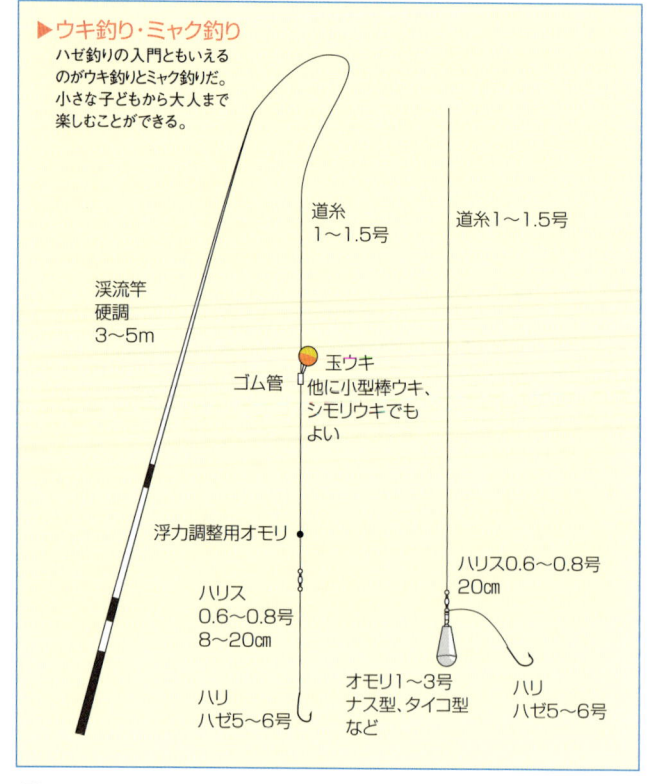

▶ウキ釣り・ミャク釣り

ハゼ釣りの入門ともいえるのがウキ釣りとミャク釣りだ。小さな子どもから大人まで楽しむことができる。

渓流竿
硬調
3〜5m

道糸
1〜1.5号

道糸1〜1.5号

ゴム管　玉ウキ
他に小型棒ウキ、シモリウキでもよい

浮力調整用オモリ

ハリス
0.6〜0.8号
8〜20cm

ハリス0.6〜0.8号
20cm

ハリ
ハゼ5〜6号

オモリ1〜3号
ナス型、タイコ型など

ハリ
ハゼ5〜6号

1	2	3	4	5	6	7	8	9	10	11	12
						○	○	○	○	○	○

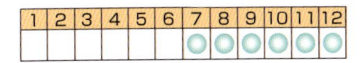

堤　投

<釣り方のポイント>

　デキハゼのころは、子どもから大人まで簡単に楽しむことができる釣りとして大変人気が高い。ウキ釣りの場合、エサは必ず底にはわして、引くように誘いをかける。ポイントはカケアガリや岩など変化のある所。エサはゴカイの頭など硬い部分をとって、軟らかい部分をつける。

　ミャク釣りの場合も同様で、アタリは明確にでるので、特にあせってアワセる必要はなく、一拍置いて軽く合わせるだけでよい。調子のよいときは100尾以上釣れることも。

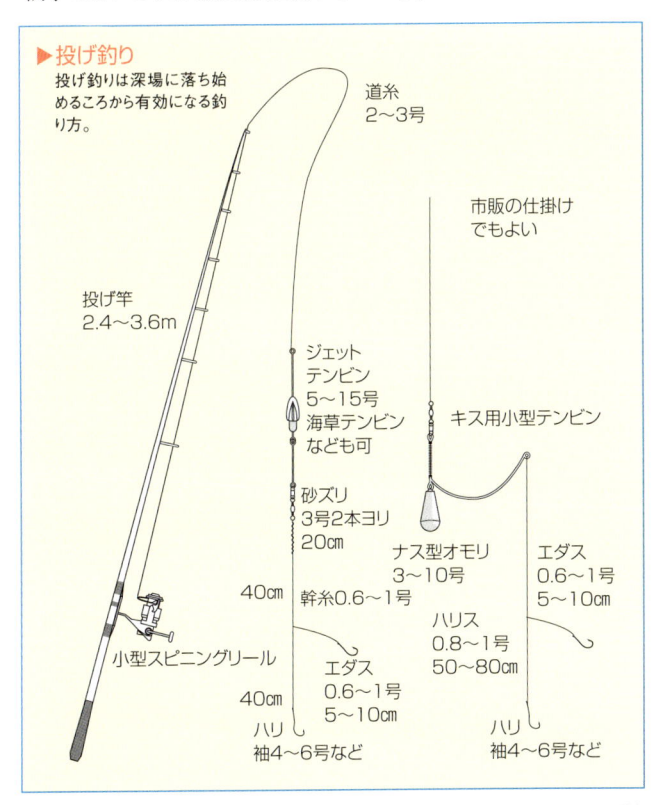

Ⅰ 海釣り

▶投げ釣り
投げ釣りは深場に落ち始めるころから有効になる釣り方。

- 道糸 2～3号
- 投げ竿 2.4～3.6m
- ジェットテンビン 5～15号 / 海草テンビンなども可
- 砂ズリ 3号2本ヨリ 20cm
- 市販の仕掛けでもよい
- キス用小型テンビン
- ナス型オモリ 3～10号
- 幹糸0.6～1号 40cm
- エダス 0.6～1号 5～10cm
- ハリ 袖4～6号など
- ハリス 0.8～1号 50～80cm
- エダス 0.6～1号 5～10cm
- ハリ 袖4～6号など
- 小型スピニングリール

ハゼ ②

カワギス

　冬場になって深場に落ちたハゼは投げ釣りで狙う。この時期のハゼはアタリが繊細になるのでできるだけ穂先の軟らかい竿を使ったほうがよい。オモリが着底したら、道糸を張ってアタリを逃さないようにする。また仕掛けを引いて誘いをかけることも必要。堤防など、足元から深いところでは案外近くにいたりするので、広範囲に探ることが必要。また、アタリが1度しか出ない場合もあるので、しっかりと見ていないと手返しが悪くなり釣果が伸びない。ポイントには何匹か群れているので、1度釣れたら繰り返し攻めてみよう。エサはデキハゼのころより多少大きめにつける。

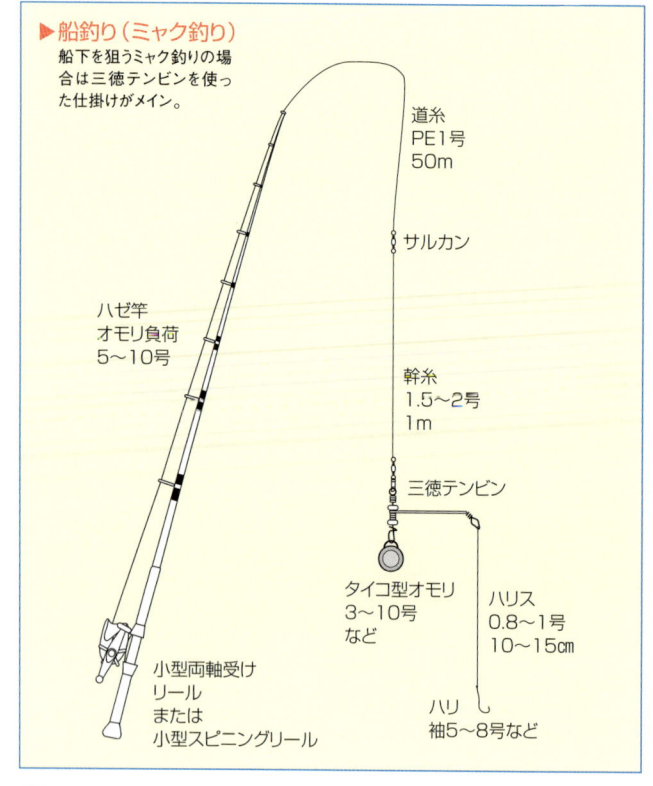

▶船釣り（ミャク釣り）

船下を狙うミャク釣りの場合は三徳テンビンを使った仕掛けがメイン。

- ハゼ竿　オモリ負荷 5～10号
- 道糸　PE1号　50m
- サルカン
- 幹糸　1.5～2号　1m
- 三徳テンビン
- タイコ型オモリ　3～10号など
- ハリス　0.8～1号　10～15cm
- ハリ　袖5～8号など
- 小型両軸受けリール　または　小型スピニングリール

1	2	3	4	5	6	7	8	9	10	11	12
						○	○	○	○	○	○

船

　ハゼのボート・船釣りも盛んで、デキハゼのころから深場に落ちるまでシーズンいっぱい行われる。船釣りとはいえ竿下ではなく、軽く投げるチョイ投げ釣りで狙うことが多い。この場合は陸からの投げ釣りと同じで、仕掛けが着底したあと、少しずつ引いて誘いをかける。食いが悪いときはエサの大きさを変えたり、ハリスを長めにとったりと、工夫してみよう。デキハゼから彼岸ハゼまでは、簡単に釣ることができ、いかに手返しよく数をかせぐかが勝負の分かれ目となる。そして、シーズン終盤の落ちハゼになると繊細なアタリを感じ取って、釣り上げて行く必要がある。

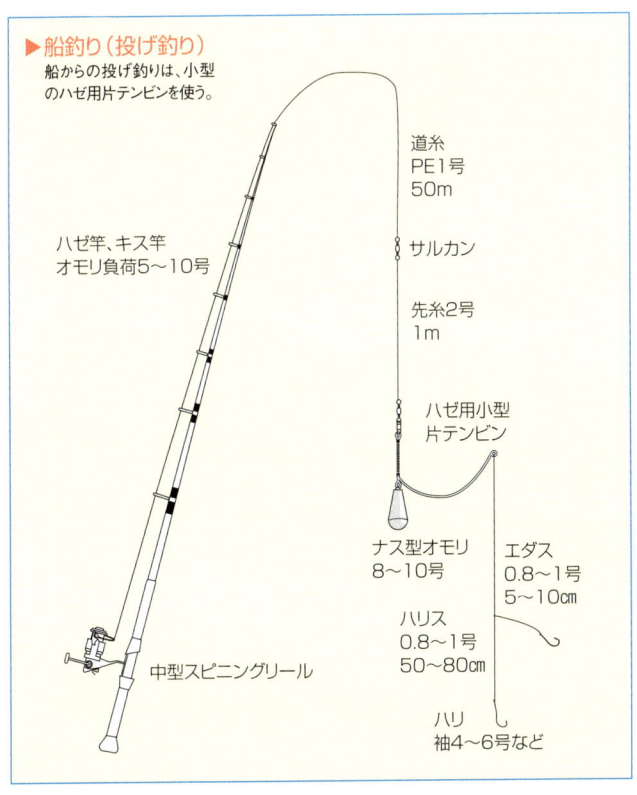

Ⅰ 海釣り

▶船釣り(投げ釣り)
船からの投げ釣りは、小型のハゼ用片テンビンを使う。

- ハゼ竿、キス竿 オモリ負荷5〜10号
- 中型スピニングリール
- 道糸 PE1号 50m
- サルカン
- 先糸2号 1m
- ハゼ用小型片テンビン
- ナス型オモリ 8〜10号
- エダス 0.8〜1号 5〜10cm
- ハリス 0.8〜1号 50〜80cm
- ハリ 袖4〜6号など

75

ヒラマサ

ヒラス、ヒラソ

分布
東北以南

エサ
オキアミ、サンマの切り身

<特徴>

沖磯や沿岸の岩礁帯を群れで回遊する。ブリよりも口と目の間が短いなどの違いがある。その遊泳力は強く、掛かってからのやり取りも壮絶なものがある。

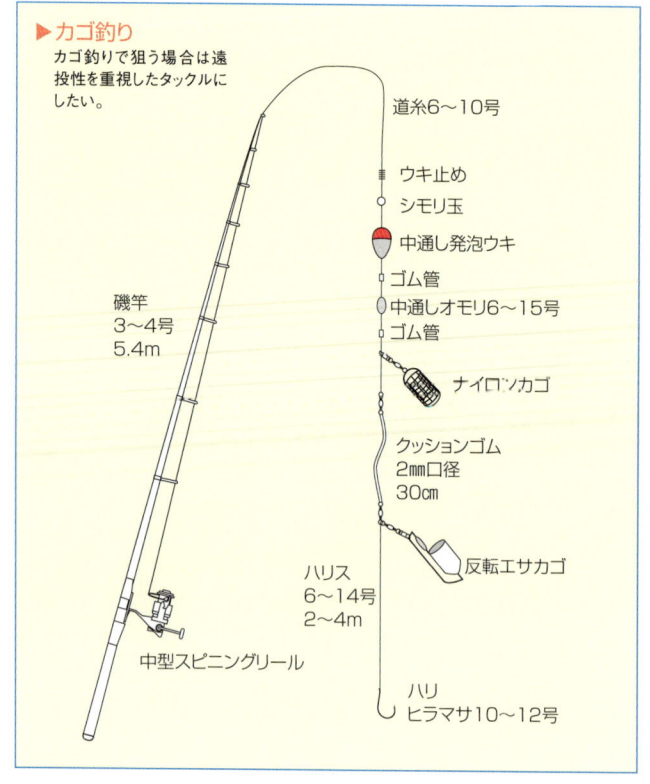

▶カゴ釣り

カゴ釣りで狙う場合は遠投性を重視したタックルにしたい。

- 道糸6〜10号
- ウキ止め
- シモリ玉
- 中通し発泡ウキ
- ゴム管
- 中通しオモリ6〜15号
- ゴム管
- ナイロンカゴ
- クッションゴム 2mm口径 30cm
- 反転エサカゴ
- ハリス 6〜14号 2〜4m
- ハリ ヒラマサ10〜12号

磯竿 3〜4号 5.4m

中型スピニングリール

1	2	3	4	5	6	7	8	9	10	11	12
				○	○	○	○	○	○		

磯　堤　船

<釣り方のポイント>

　ポイントは沖の潮目などなので、遠投ができるカゴ釣りで狙う方が有利。仕掛けを入れる前に、強烈な引きに対応する前にドラグをしっかりと調節しておく。また、道糸も普段より長めに巻いておこう。ハリ掛かりしたあとは横に走るため、根ズレすることが多いので、うまく寄せてくることが大事。また、最後の最後でバラしてしまうことも多いので、最後まで気を抜かずに取り込みたい。船釣りの場合はビシ釣りで狙うのが一般的だが、大型は泳がせ釣りで狙う。

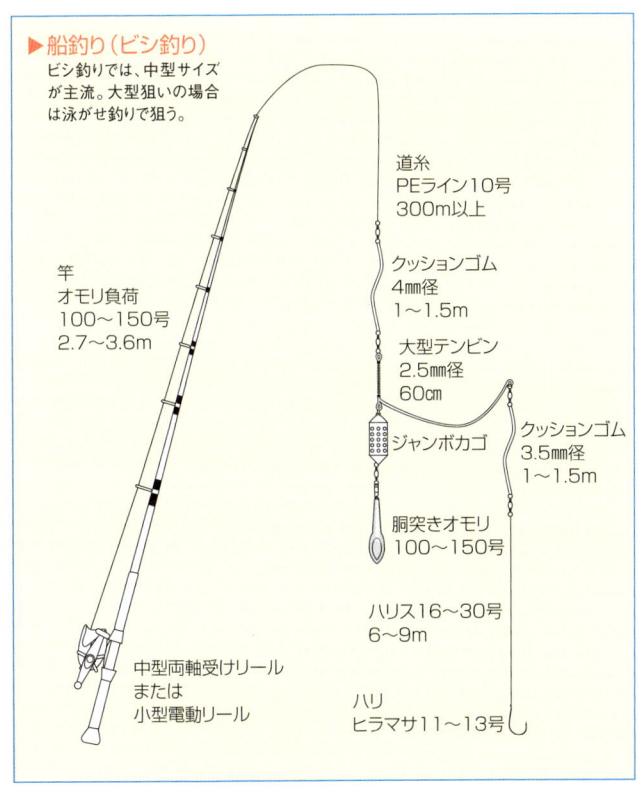

I 海釣り

▶船釣り（ビシ釣り）

ビシ釣りでは、中型サイズが主流。大型狙いの場合は泳がせ釣りで狙う。

竿
オモリ負荷
100～150号
2.7～3.6m

道糸
PEライン10号
300m以上

クッションゴム
4mm径
1～1.5m

大型テンビン
2.5mm径
60cm

ジャンボカゴ

クッションゴム
3.5mm径
1～1.5m

胴突きオモリ
100～150号

ハリス16～30号
6～9m

中型両軸受けリール
または
小型電動リール

ハリ
ヒラマサ11～13号

ヒラメ

オオグチガレイ、テックイ、ハガレ

分布
日本各地

エサ
小魚

<特徴>

水深50～200mの砂泥地に住み、小魚を捕食する。普段は海底に潜んでいるが捕食するときは1m以上海底から離れ捕食することもある。小型のものを関東ではソゲという。

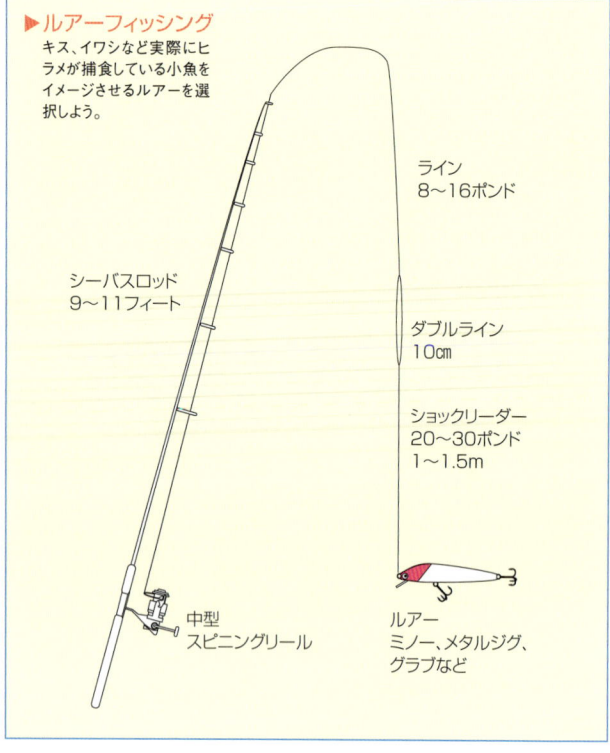

▶ルアーフィッシング

キス、イワシなど実際にヒラメが捕食している小魚をイメージさせるルアーを選択しよう。

- シーバスロッド 9～11フィート
- 中型スピニングリール
- ライン 8～16ポンド
- ダブルライン 10cm
- ショックリーダー 20～30ポンド 1～1.5m
- ルアー ミノー、メタルジグ、グラブなど

1	2	3	4	5	6	7	8	9	10	11	12
○	○	○	○	○	○				○	○	○

投　堤　船

<釣り方のポイント>

ヒラメは生きエサの泳がせ釣り、またはルアーフィッシングで狙うことになる。砂浜から狙う場合はルアーフィッシングが中心。できるだけ底層を狙い、アクションをつけながら引いてくる。船からは生きエサの泳がせ釣りで狙う。エサはマイワシがポピュラーで、ほかに小アジ、ピンギスなどを使うときもある。ヒラメはアタリがあってもすぐにアワセないのが鉄則。俗に「ヒラメ四十」というように十分に食い込ませてから大きくアワセる。オモリがちょうど底立ちする位置を保つように気をつける。

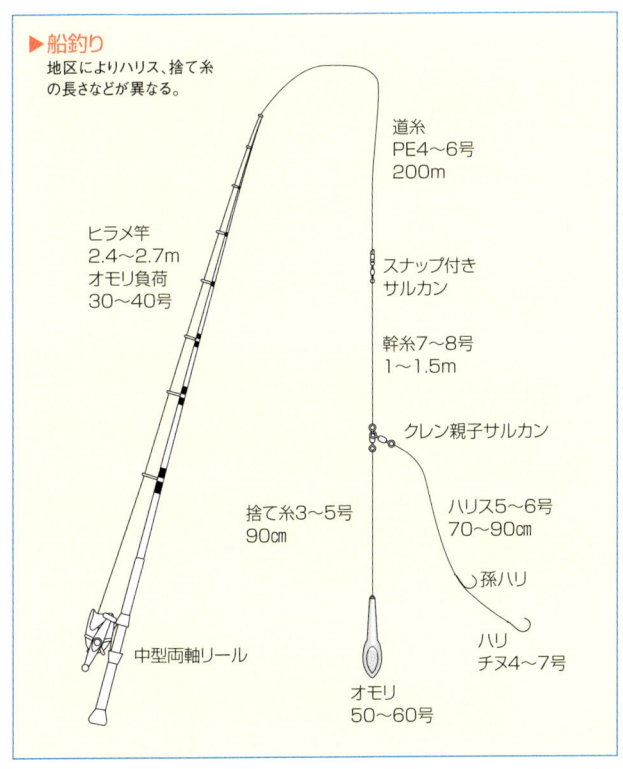

Ⅰ　海釣り

▶船釣り
地区によりハリス、捨て糸の長さなどが異なる。

- ヒラメ竿　2.4〜2.7m　オモリ負荷30〜40号
- 中型両軸リール
- 道糸　PE4〜6号　200m
- スナップ付きサルカン
- 幹糸7〜8号　1〜1.5m
- クレン親子サルカン
- 捨て糸3〜5号　90cm
- ハリス5〜6号　70〜90cm
- 孫ハリ
- ハリ　チヌ4〜7号
- オモリ　50〜60号

ブダイ

イガミ、ゴンタ

分布
本州中部以南

エサ
小魚

<特徴>

沿岸の岩礁帯に住み、昼間に活動する。海藻や甲殻類などを食べる雑食性である。一般に水温の高いときはカニで釣り、低水温のときはハバノリなどノリエサを使う。

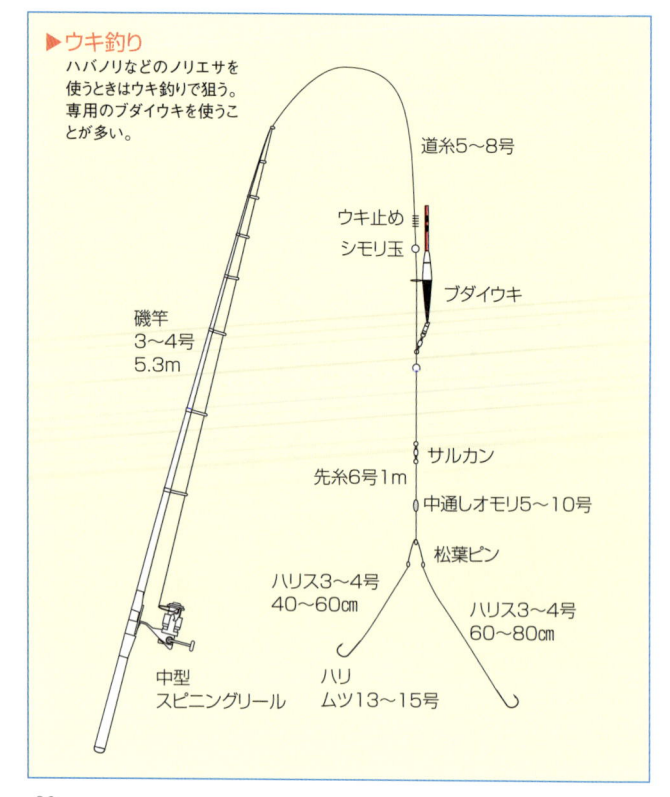

▶ウキ釣り

ハバノリなどのノリエサを使うときはウキ釣りで狙う。専用のブダイウキを使うことが多い。

- 道糸5～8号
- ウキ止め
- シモリ玉
- ブダイウキ
- 磯竿 3～4号 5.3m
- サルカン
- 先糸6号1m
- 中通しオモリ5～10号
- 松葉ピン
- ハリス3～4号 40～60cm
- ハリス3～4号 60～80cm
- 中型スピニングリール
- ハリ ムツ13～15号

1	2	3	4	5	6	7	8	9	10	11	12
○	○	○	○	○	○	○	○	○	○	○	○

磯　堤

<釣り方のポイント>

　冬のノリエサを使うころはウキ釣りで狙う。ポイントはできるだけ潮通しの良い場所で、海藻類が多いところ。また、波が荒い日や曇りの日は活性が低くなるので避けたほうがよい。ブダイは居食いするため、アタリは明確に出ない。小さなアタリが出たらしばらく待ってからアワセを入れる。カニエサを使うときは投げ釣りで狙うのが一般的。磯場での投げ釣りなので当然根掛かりはひんぱんに起こる。捨て糸を付けた胴突き仕掛けで狙い、仕掛けの予備も十分に用意しておく。

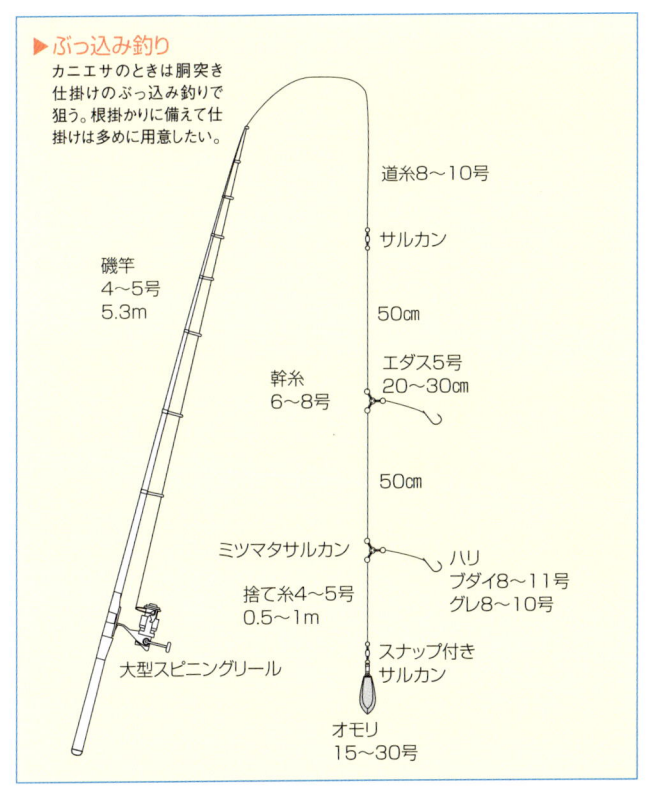

Ⅰ 海釣り

▶ぶっ込み釣り

カニエサのときは胴突き仕掛けのぶっ込み釣りで狙う。根掛かりに備えて仕掛けは多めに用意したい。

- 道糸8〜10号
- サルカン
- 磯竿 4〜5号 5.3m
- 50cm
- 幹糸 6〜8号
- エダス5号 20〜30cm
- 50cm
- ミツマタサルカン
- ハリ ブダイ8〜11号 グレ8〜10号
- 捨て糸4〜5号 0.5〜1m
- スナップ付きサルカン
- 大型スピニングリール
- オモリ 15〜30号

ブリ(イナダ)

ワカシ、ツバス、ハマチ

分布
日本各地

エサ
オキアミ、アジ、サンマの切り身

＜特徴＞

岩礁周辺などを群れで回遊している。成長につれ呼び名が変わる出世魚。ワカシ→イナダ→ワラサ→ブリ（関東）、ツバス→ハマチ→メジロ→ブリ（関西）と変化する。

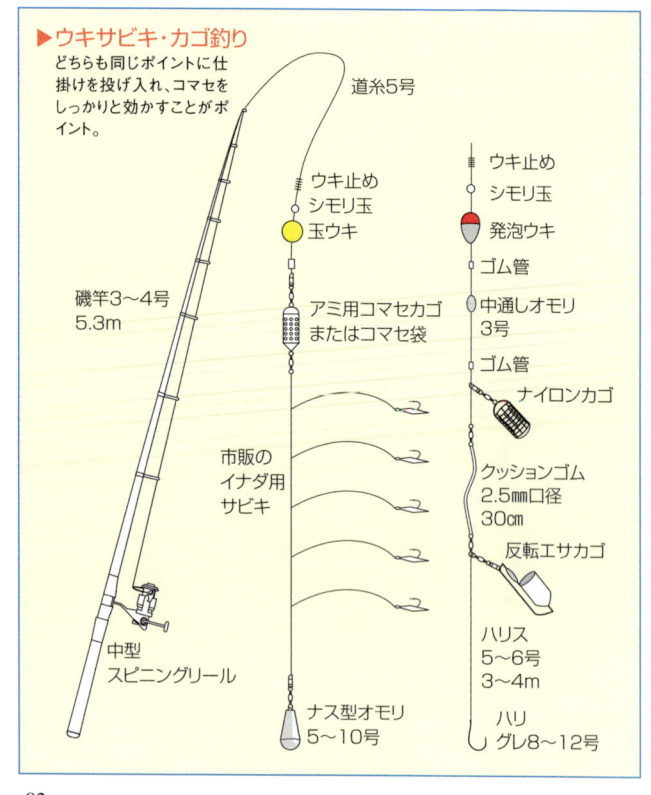

▶ウキサビキ・カゴ釣り

どちらも同じポイントに仕掛けを投げ入れ、コマセをしっかりと効かすことがポイント。

- 道糸5号
- 磯竿3～4号 5.3m
- 中型スピニングリール
- ウキ止め
- シモリ玉
- 玉ウキ
- アミ用コマセカゴまたはコマセ袋
- 市販のイナダ用サビキ
- ナス型オモリ 5～10号

- ウキ止め
- シモリ玉
- 発泡ウキ
- ゴム管
- 中通しオモリ3号
- ゴム管
- ナイロンカゴ
- クッションゴム 2.5mm口径 30cm
- 反転エサカゴ
- ハリス 5～6号 3～4m
- ハリ グレ8～12号

1	2	3	4	5	6	7	8	9	10	11	12
○							○	○	○	○	○

磯　堤　船

<釣り方のポイント>

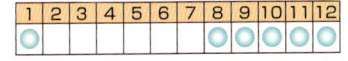

ワカシ、イナダ級ならウキサビキ釣りやカゴ釣りで磯などから狙うことができる。メジナと同様のウキ釣りでもよいが、遠投がきく分、カゴ釣りの方が有利。ワラサ級なら生きエサの泳がせ釣りやルアーでも狙うことができる。ブリ・ワラサ級は船からビシ釣りで狙う。タナに仕掛けが達したなら、竿をしゃくってコマセを十分にまく。アタリが出れば続いて強烈な引きがあるので、ドラグでかわしながら、少しずつ寄せてくるようにする。このほか、手釣りのカッタクリで狙う釣り方もある。

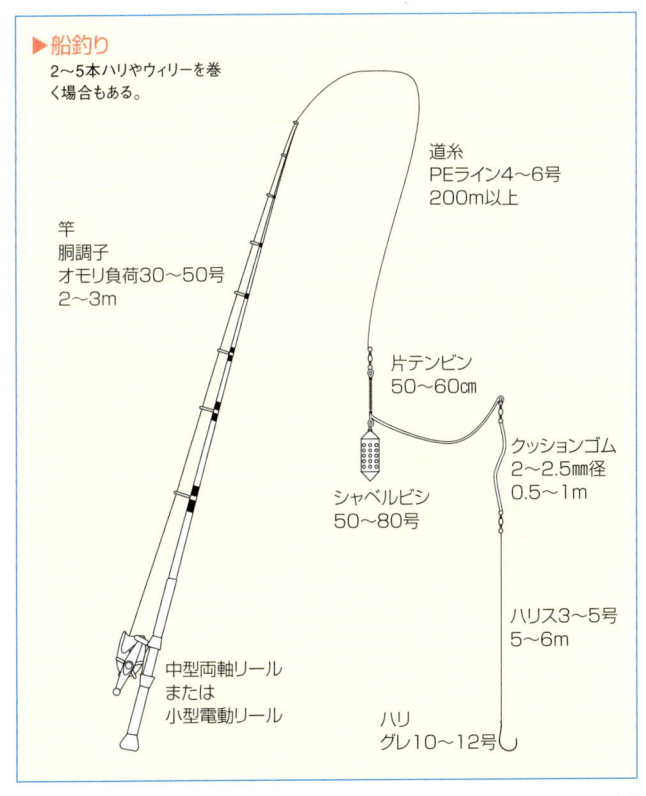

Ⅰ 海釣り

▶船釣り
2～5本ハリやウィリーを巻く場合もある。

竿
胴調子
オモリ負荷30～50号
2～3m

道糸
PEライン4～6号
200m以上

片テンビン
50～60cm

シャベルビシ
50～80号

クッションゴム
2～2.5mm径
0.5～1m

中型両軸リール
または
小型電動リール

ハリス3～5号
5～6m

ハリ
グレ10～12号

ボラ

スバシリ、マクチ

分布
日本各地

エサ
ゴカイ類、イソメ類、オキアミなど

＜特徴＞

　内湾、河口域、磯などから淡水まで幅広く生息している。オボコ→イナ→ボラ→トドと名前が変わる出世魚。表層近くを泳ぎ回ることが多い一方で、海底の底生動物もよく捕食している。

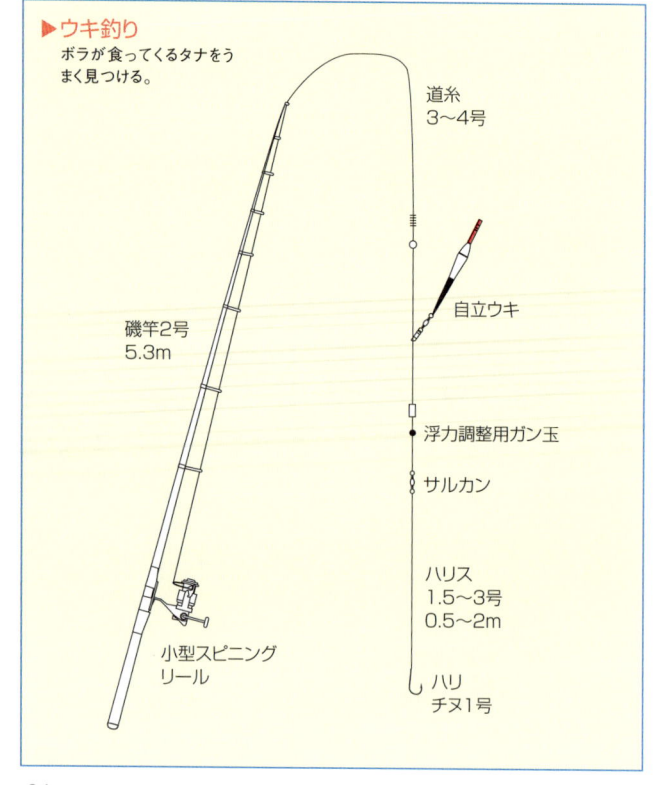

▶ウキ釣り
ボラが食ってくるタナをうまく見つける。

- 道糸 3～4号
- 自立ウキ
- 磯竿2号 5.3m
- 浮力調整用ガン玉
- サルカン
- ハリス 1.5～3号 0.5～2m
- ハリ チヌ1号
- 小型スピニングリール

1	2	3	4	5	6	7	8	9	10	11	12
○	○	○	○	○	○	○	○	○	○	○	○

磯 堤

<釣り方のポイント>

ボラはウキ釣りまたは吸い込み釣りで狙う。ウキ釣りの場合、ボラの泳層である浅いタナに合わせて、ハリスは短かめに取る。マキエをまいてボラを寄せてから仕掛けを投入する。ボラは吸い込むようにしてエサを食べるので、サシエは小さめに付けてやるとよい。吸い込み釣りの場合、ハリがすべて外側を向くようにしてダンゴでくるみ、仕掛けを投入する。最初にこづくような前アタリがあるのでしばらく様子を見て、大きなアタリが出たときにしっかりとアワセを入れる。

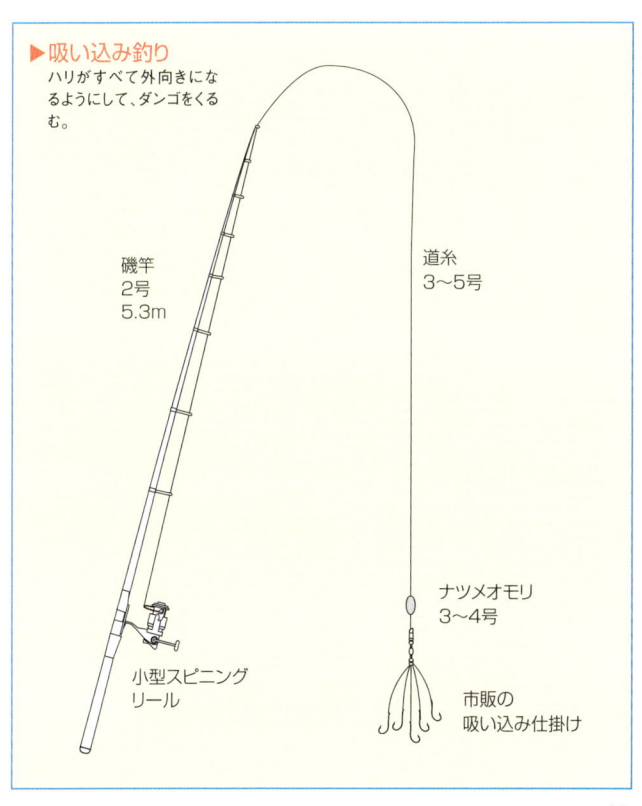

▶吸い込み釣り

ハリがすべて外向きになるようにして、ダンゴをくるむ。

- 磯竿 2号 5.3m
- 小型スピニングリール
- 道糸 3〜5号
- ナツメオモリ 3〜4号
- 市販の吸い込み仕掛け

マゴチ

コチ、ホンゴチ

分布
東北以南

エサ
メゴチ、ハゼ、アジ、生きエビ

<特徴>

比較的水深の浅い砂泥地に生息する。特に春から初夏は産卵のため、岸近くに寄ってくる。典型的なフィッシュイーターで、小魚類を捕食している。

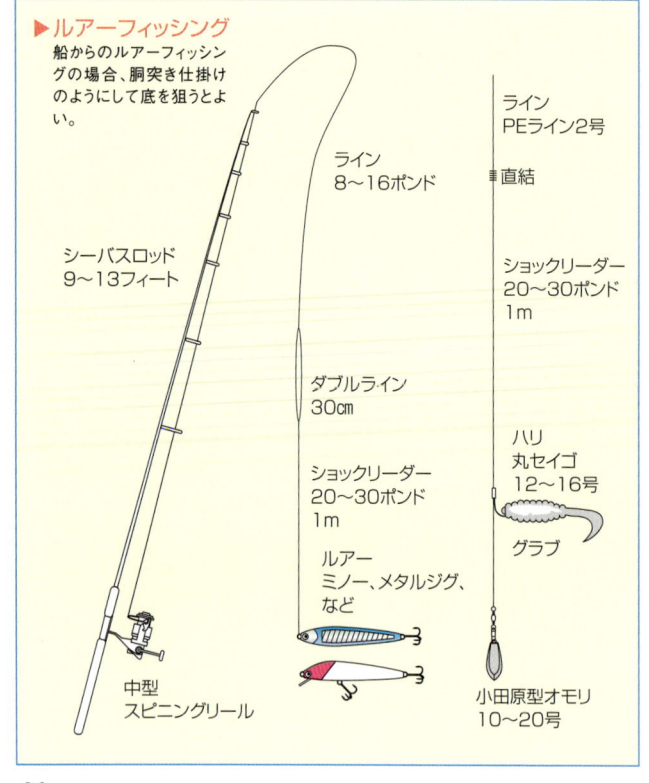

▶ ルアーフィッシング

船からのルアーフィッシングの場合、胴突き仕掛けのようにして底を狙うとよい。

- シーバスロッド 9〜13フィート
- 中型スピニングリール
- ライン 8〜16ポンド
- ダブルライン 30cm
- ショックリーダー 20〜30ポンド 1m
- ルアー ミノー、メタルジグ、など

- ライン PEライン2号
- 直結
- ショックリーダー 20〜30ポンド 1m
- ハリ 丸セイゴ 12〜16号
- グラブ
- 小田原型オモリ 10〜20号

1	2	3	4	5	6	7	8	9	10	11	12
					○	○	○	○	○		

投　堤　船

<釣り方のポイント>

　陸からはルアーフィッシングで狙う。イワシ、キスなど普段マゴチが捕食している小魚に近いルアーを選択すると効果的。また、グラブなどに対する反応もよい。船釣りではマゴチテンビンを使った仕掛けで攻める。エサは生きエビやメゴチ、ハゼなどを使う。エビエサを使う場合はハリにヒューズオモリを巻く。一般に「ヒラメ四十」に対して「コチ二十」というように、コチも早アワセは禁物。最初のアタリがあってもしばらく待って、強い引き込みがあったところでアワセてやるとよい。

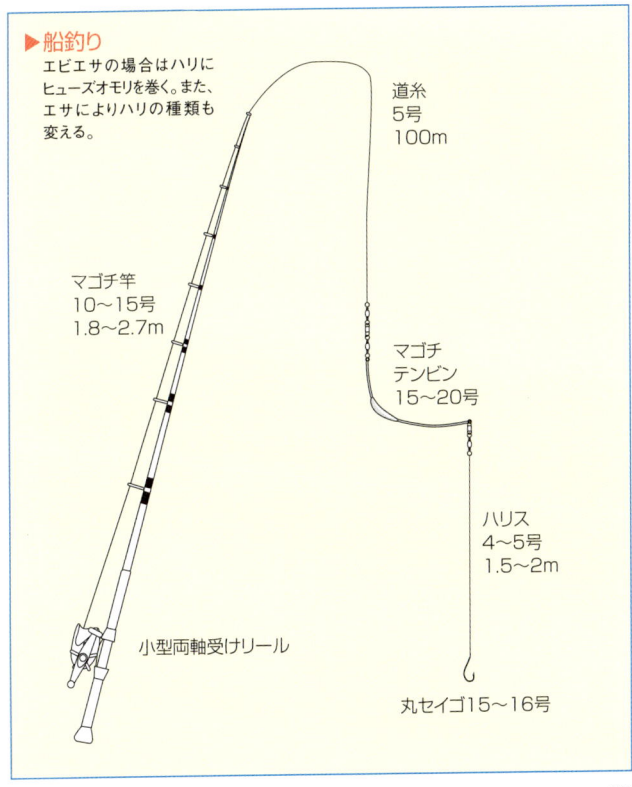

Ⅰ　海釣り

▶船釣り

エビエサの場合はハリにヒューズオモリを巻く。また、エサによりハリの種類も変える。

- マゴチ竿 10～15号 1.8～2.7m
- 道糸 5号 100m
- マゴチテンビン 15～20号
- ハリス 4～5号 1.5～2m
- 小型両軸受けリール
- 丸セイゴ15～16号

マダイ①

ホンダイ、オオダイ、チャリコ（幼魚）

分布
北海道以南

エサ
オキアミ、サンマの切り身、生きイカ

<特徴>

　水深10〜150mの岩礁帯や砂底に生息し、大型のものは1mに達する。春から夏の産卵期には浅場に寄る。船釣りなどを中心に人気の魚で、その釣法も幅広い。

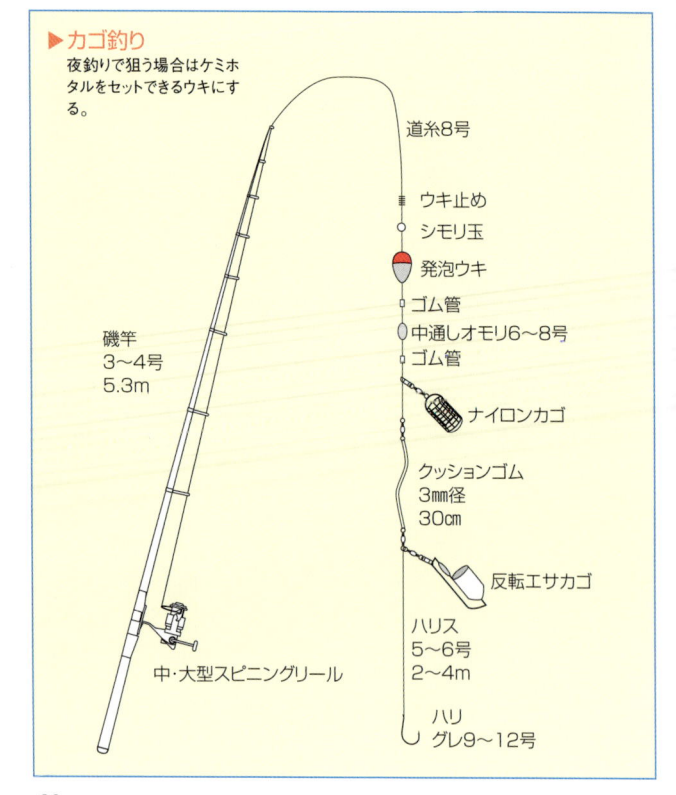

▶カゴ釣り

夜釣りで狙う場合はケミホタルをセットできるウキにする。

- 道糸8号
- ウキ止め
- シモリ玉
- 発泡ウキ
- ゴム管
- 中通しオモリ6〜8号
- ゴム管
- ナイロンカゴ
- クッションゴム 3mm径 30cm
- 反転エサカゴ
- ハリス 5〜6号 2〜4m
- ハリ グレ9〜12号

磯竿 3〜4号 5.3m

中・大型スピニングリール

| 1 | 2 | 3 | 4 | 5 | 6 | 7 | 8 | 9 | 10 | 11 | 12 |

磯　堤　船

<釣り方のポイント>

　陸からはカゴ釣りで狙う。マキエ、サシエともにオキアミを使い、サシエがタナに届いたところでしゃくる。アタリは明確に出るので、しっかりとアワセを入れる。磯から狙う場合は、根ズレに気をつけてやりとりする。ちなみに小型のタイなら投げ釣りでも狙うことができる。船釣りで一般的なものはビシ釣り。仕掛けを投入したらタナの3mほど下までおろし、コマセをまきながら少しずつ上げてくる。タナについたら止めてアタリを待ち、アタリがなければときどき竿をあおって誘いをかけてやるといい。

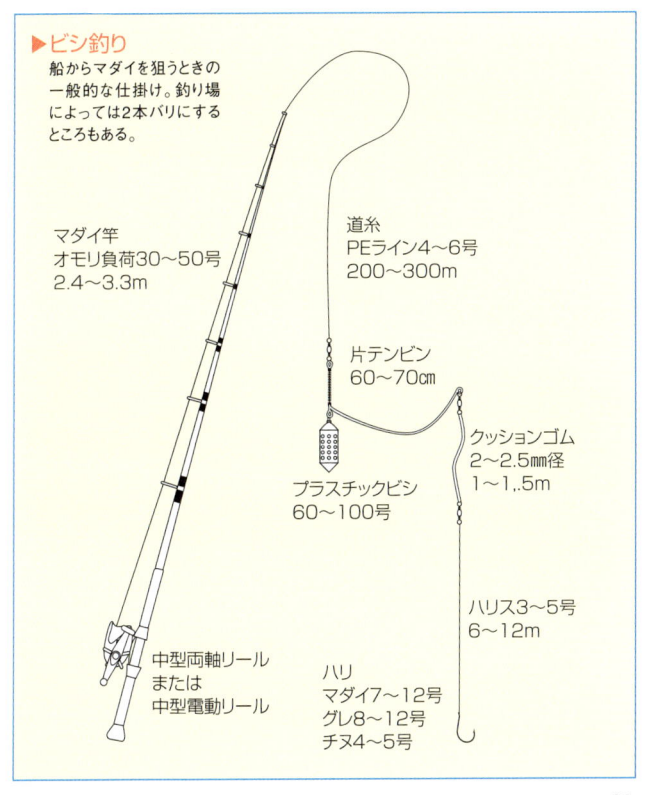

I 海釣り

▶ビシ釣り
船からマダイを狙うときの一般的な仕掛け。釣り場によっては2本バリにするところもある。

マダイ竿
オモリ負荷30～50号
2.4～3.3m

道糸
PEライン4～6号
200～300m

片テンビン
60～70cm

プラスチックビシ
60～100号

クッションゴム
2～2.5mm径
1～1.5m

中型両軸リール
または
中型電動リール

ハリ
マダイ7～12号
グレ8～12号
チヌ4～5号

ハリス3～5号
6～12m

マダイ②

ホンダイ、オオダイ、チャリコ（幼魚）

　タイ釣りで伝統的に行われているのがタコテンヤを使ったシャクリ釣りである。竿は手バネまたはリール竿を使うのが普通だが、手バネの場合は船宿で貸し出している場合もあるので確認してみよう。テンヤもほとんどの船宿で購入または借りることができる。

　エサはサイマキなどの生きエビを使い、小型のものは2尾抱き合わせにしてつける。エサを付けたら仕掛けを投入する。1mごとに色が違う道糸などを使うとタナ取りがしやすい。テンヤが底に着いたら、糸ふけをとってアタリが出るまでしゃくりを繰り返す。アタリが出たら素早く竿をあおり、アワセをいれる。

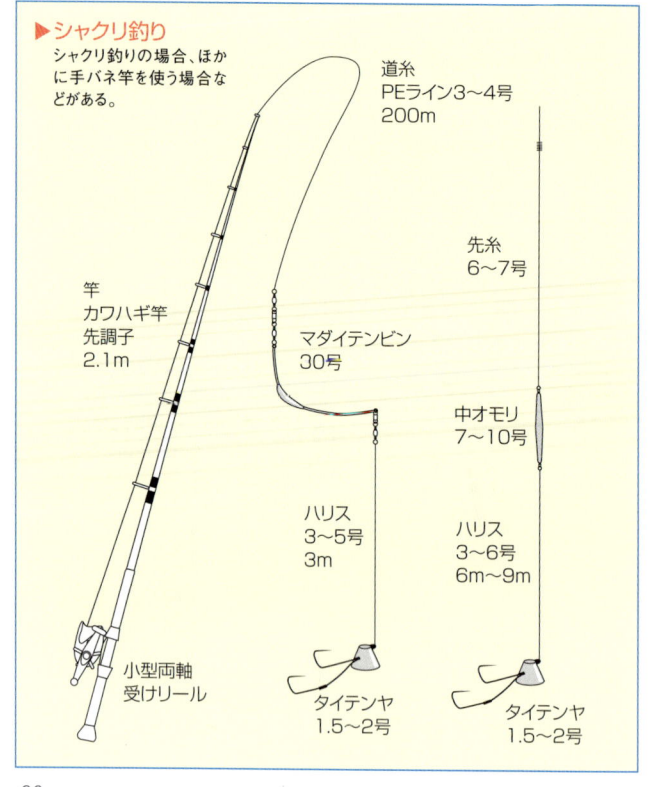

▶シャクリ釣り

シャクリ釣りの場合、ほかに手バネ竿を使う場合などがある。

- 竿　カワハギ竿　先調子　2.1m
- 小型両軸受ケリール
- 道糸　PEライン3～4号　200m
- マダイテンビン　30号
- ハリス　3～5号　3m
- タイテンヤ　1.5～2号
- 先糸　6～7号
- 中オモリ　7～10号
- ハリス　3～6号　6m～9m
- タイテンヤ　1.5～2号

船

船のマダイ釣りの中でも大型が狙える釣法として有名なのがイカダイ釣りだ。専門の乗合船は出ていないので、イカの乗合船などで特別に許可をもらうか、船を仕立てて狙う。エサはムギイカまたはヤリイカを使うので、まずはこのイカを釣る。イカエサが確保できたら、仕掛けを投入してタナまで落とす。アタリが出ても早アワセせずに、しばらく待って強い引きがきたときに大きくアワセてやる。大物だけにその引きは強烈なものがある。竿のしなりをしっかりと利用して少しずつ浮かせよう。イカダイ釣りではマダイだけでなく外道も思いがけない大型が掛かることもある。

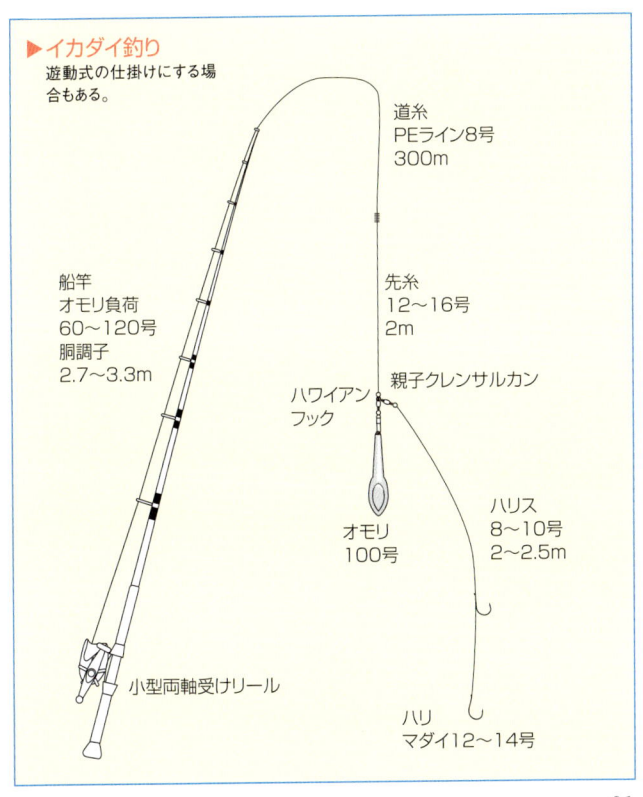

▶イカダイ釣り

遊動式の仕掛けにする場合もある。

- 道糸 PEライン8号 300m
- 船竿 オモリ負荷 60～120号 胴調子 2.7～3.3m
- 先糸 12～16号 2m
- 親子クレンサルカン
- ハワイアンフック
- オモリ 100号
- ハリス 8～10号 2～2.5m
- 小型両軸受けリール
- ハリ マダイ12～14号

メジナ

グレ、クロ

分布
日本各地

エサ
オキアミ、アミエビ

＜特徴＞

沿岸の岩礁帯で生活し、成魚は潮通しのよい磯などに多いが、若魚は内湾の藻場にも付いている。小動物を捕食しているが、エサの少ない冬場にはノリなどを食べることもある。

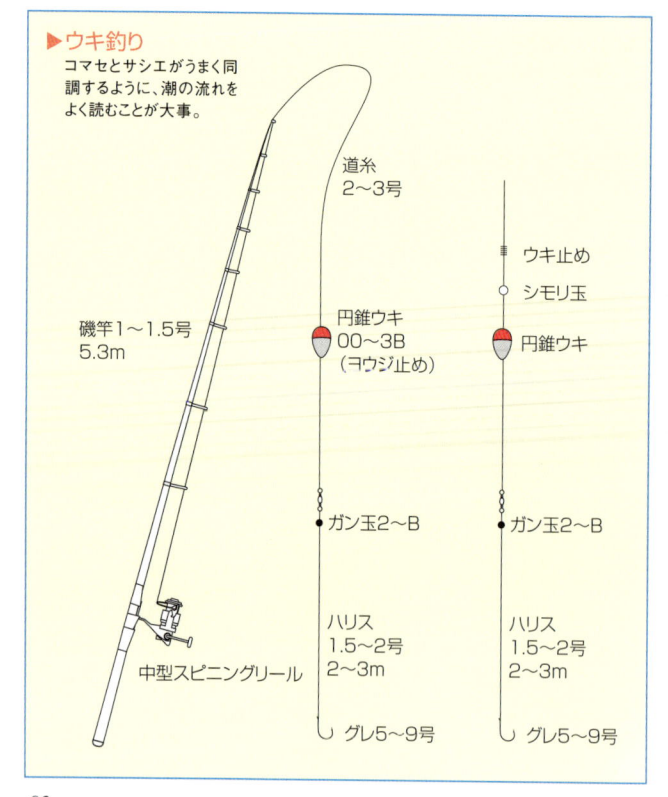

▶ウキ釣り

コマセとサシエがうまく同調するように、潮の流れをよく読むことが大事。

- 磯竿1〜1.5号 5.3m
- 中型スピニングリール
- 道糸 2〜3号
- 円錐ウキ 00〜3B（ヨウジ止め）
- ガン玉2〜B
- ハリス 1.5〜2号 2〜3m
- グレ5〜9号

- ウキ止め
- シモリ玉
- 円錐ウキ
- ガン玉2〜B
- ハリス 1.5〜2号 2〜3m
- グレ5〜9号

1	2	3	4	5	6	7	8	9	10	11	12
○						○	○	○	○	○	○

磯　堤

<釣り方のポイント>

　磯釣りでは人気の対象魚の1つ。ウキフカセ釣りでは、サラシの出ているところや潮目がポイントとなる。そうしたポイントから魚をおびき寄せるようなイメージでマキエをまき、仕掛けを投入してサシエとマキエが同調するようにウキを流す。アタリがなければ仕掛けを引いて誘ってみるのもよい。食いがたっているときは、アタリが明確に出るので素早くアワセる。カゴ釣りは沖のポイントを直接狙うことができるのが利点。タナをこまめに調節しながら、できるだけ同じポイントに打ち返すようにする。

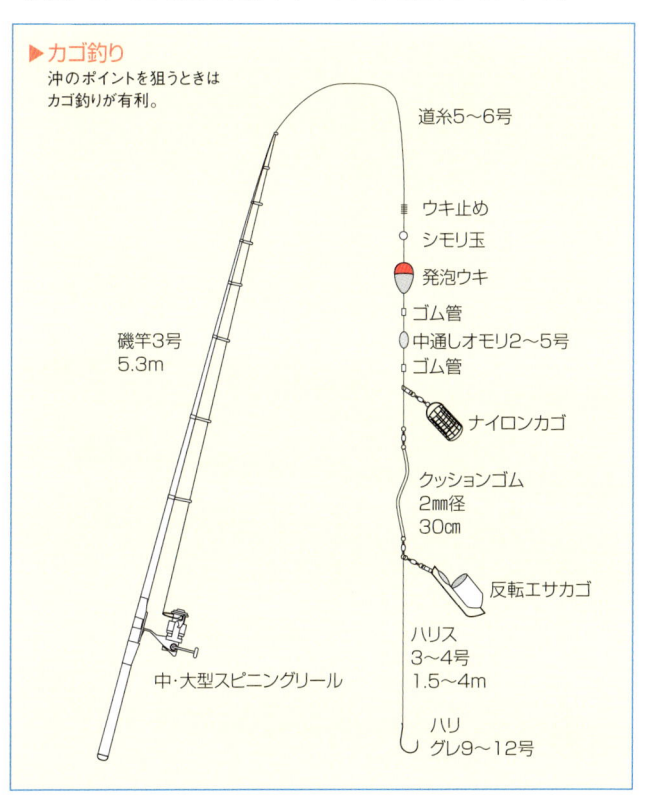

▶カゴ釣り

沖のポイントを狙うときは
カゴ釣りが有利。

- 道糸5～6号
- ウキ止め
- シモリ玉
- 発泡ウキ
- ゴム管
- 中通しオモリ2～5号
- ゴム管
- ナイロンカゴ
- クッションゴム 2mm径 30cm
- 反転エサカゴ
- ハリス 3～4号 1.5～4m
- ハリ グレ9～12号

磯竿3号 5.3m

中・大型スピニングリール

I 海釣り

メバル①

クロメバル、メバリ、ハチメ

分布
日本各地

エサ
イソメ類、オキアミ、小魚、魚の切り身など

<特徴>

沿岸の岩礁帯で生活する。その名の通り大きな目が特徴。夜行性で昼間は底層にいて、夜にはエサを漁りに上層まで浮いてくる。沖釣りではウスメバル、トゴットメバルを狙う。

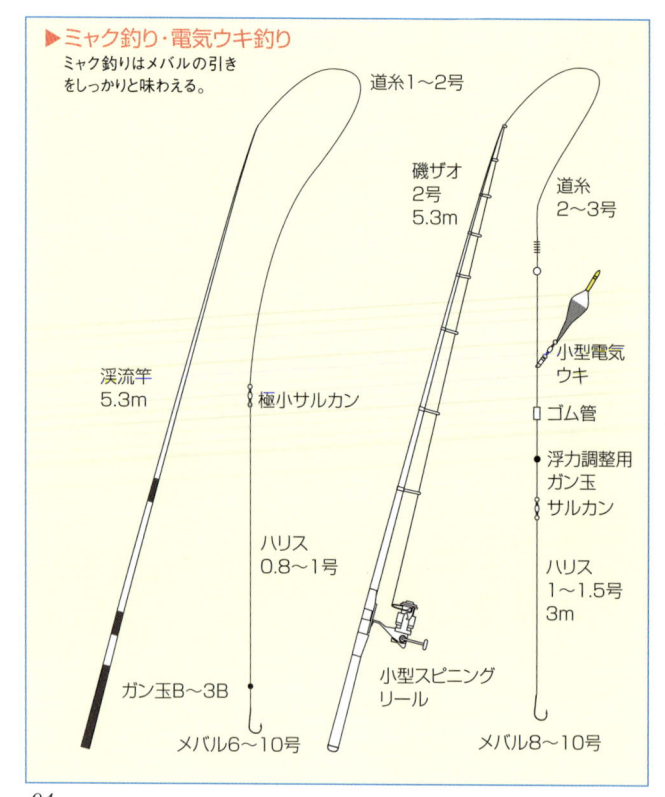

▶ミャク釣り・電気ウキ釣り

ミャク釣りはメバルの引きをしっかりと味わえる。

- 道糸1〜2号
- 磯ザオ 2号 5.3m
- 渓流竿 5.3m
- 極小サルカン
- ハリス 0.8〜1号
- ガン玉B〜3B
- メバル6〜10号
- 小型スピニングリール

- 道糸 2〜3号
- 小型電気ウキ
- ゴム管
- 浮力調整用ガン玉
- サルカン
- ハリス 1〜1.5号 3m
- メバル8〜10号

| 1 | 2 | 3 | 4 | 5 | 6 | 7 | 8 | 9 | 10 | 11 | 12 |

磯　堤　船

<釣り方のポイント>

　竿下のポイントを狙う場合、渓流竿などを使ったミャク釣りがおもしろい。昼間なら堤防回りのゴロタ石のすき間などを、夜はメバルのいる中層からのタナを探りながら狙ってみよう。また、夜は電気ウキ釣りもよい。メバルのいるタナはその日や時間帯によって異なるのでこまめにタナを調節しながら、ときどき仕掛けを引くようにして誘ってやる。アタリはあまり明確に出ない場合が多い。モゾモゾとしたアタリのうちはしばらく待って、食い込んだのを確認してから軽くアワセる。

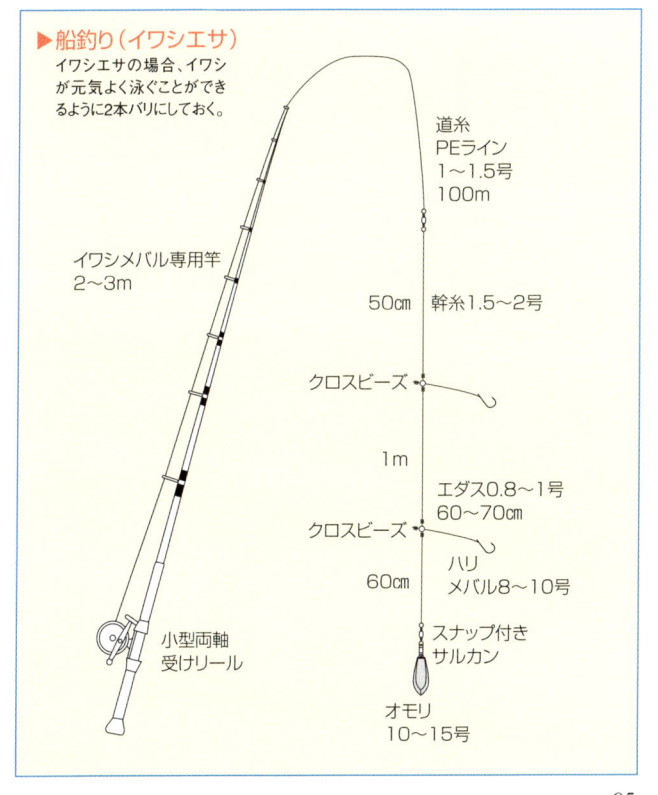

▶船釣り（イワシエサ）

イワシエサの場合、イワシが元気よく泳ぐことができるように2本バリにしておく。

- 道糸 PEライン 1～1.5号 100m
- イワシメバル専用竿 2～3m
- 50cm　幹糸1.5～2号
- クロスビーズ
- 1m
- エダス0.8～1号 60～70cm
- クロスビーズ
- 60cm
- ハリ メバル8～10号
- 小型両軸受けリール
- スナップ付きサルカン
- オモリ 10～15号

メバル② クロメバル、メバリ、ハチメ

　船釣りでは胴突き仕掛けがメインとなる。また胴突き仕掛けでもエビをエサにする場合と、イワシをエサにする場合があり、仕掛けも若干異なる。イワシエサの場合は、ハリ数は2本で、エビエサに比べてより細く長いハリスを使う。また、イワシを弱らせないようにしてハリに付けることも大切。どちらの場合もオモリが着底してから少し上げたところで誘いをかけるようにする。そして、タナはこまめに調節して、維持するようにしておくこと。アタリがあっても、すぐにアワセずにしばらく待って、食い込んでからアワセる。

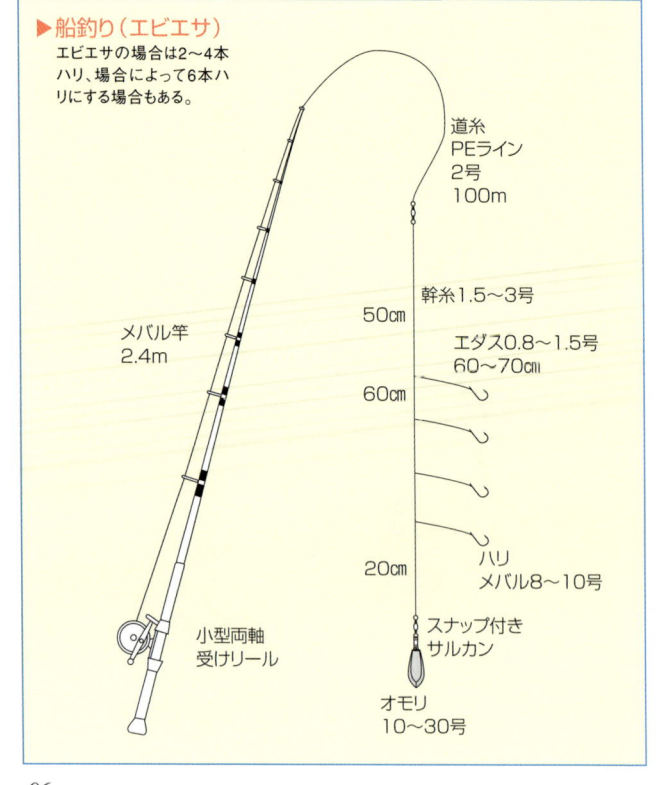

▶船釣り（エビエサ）
エビエサの場合は2〜4本ハリ、場合によって6本ハリにする場合もある。

- メバル竿 2.4m
- 小型両軸受けリール
- 道糸 PEライン2号 100m
- 幹糸1.5〜3号
- 50cm
- エダス0.8〜1.5号 60〜70cm
- 60cm
- 20cm
- ハリ メバル8〜10号
- スナップ付きサルカン
- オモリ 10〜30号

II
川釣り

- Wakasagi
- Oikawa
- Herabuna
- Burakkubasu
- Nijimasu

アユ

アイ、アユゴ

分布
日本各地（北海道の一部を除く）

エサ
友釣り、毛針

＜特徴＞

秋に産卵して、孵化した稚魚は海に下り冬を過ごしたあと、上流まで遡る。成魚はナワバリを持ち、侵入してきたほかのアユを攻撃する性質がある。石の表面のケイ藻を食べる。

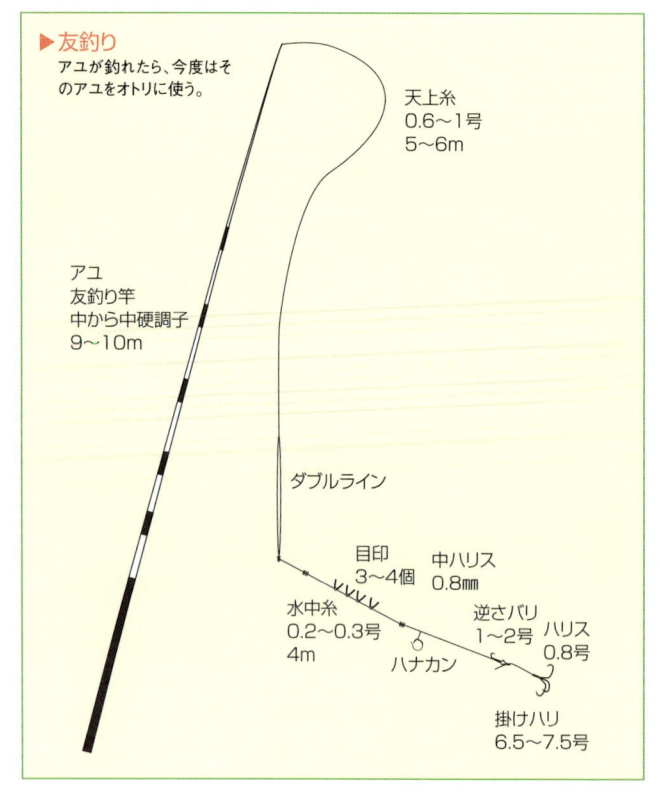

▶友釣り

アユが釣れたら、今度はそのアユをオトリに使う。

- 天上糸 0.6〜1号 5〜6m
- アユ 友釣り竿 中から中硬調子 9〜10m
- ダブルライン
- 目印 3〜4個
- 中ハリス 0.8mm
- 水中糸 0.2〜0.3号 4m
- ハナカン
- 逆さバリ 1〜2号
- ハリス 0.8号
- 掛けハリ 6.5〜7.5号

1	2	3	4	5	6	7	8	9	10	11	12
					○	○	○	○			

上流 中流 下流

<釣り方のポイント>

　アユといえばなわばりを持つ習性を利用した友釣りが有名。おとりになるアユをポイントに送り込んで、そのおとりアユに攻撃してきたアユを掛けて釣り上げる。おとりアユを弱らせないようにすることが第一のポイントだ。ドブ釣りは毛バリ釣りの一種。「ドブ」と呼ばれる川の淵に毛バリを沈めて釣ることからこう呼ばれる。長竿を使い、ポイントに仕掛けを沈めて上下させるだけだが、いかにその状況にあった毛バリを選択するかが釣果の分かれ目となる。

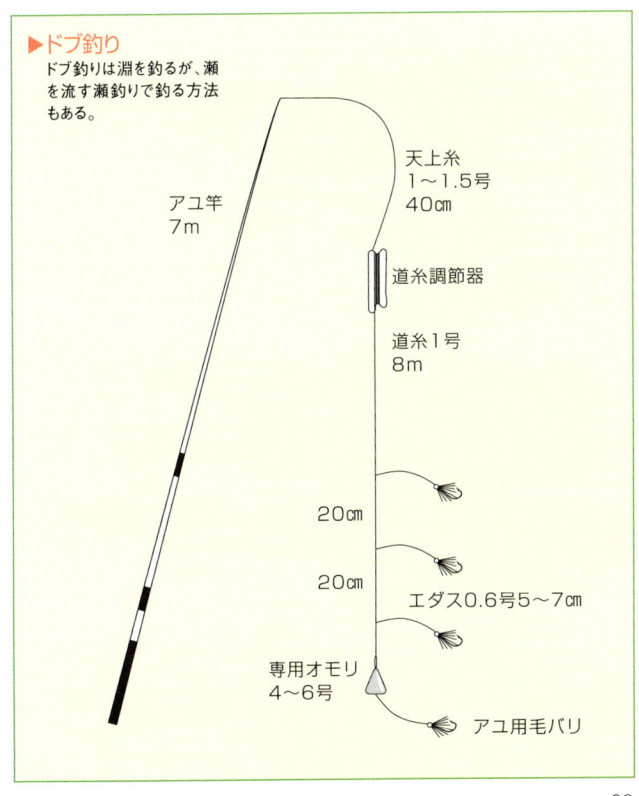

Ⅱ 川釣り

▶ドブ釣り

ドブ釣りは淵を釣るが、瀬を流す瀬釣りで釣る方法もある。

- アユ竿 7m
- 天上糸 1～1.5号 40cm
- 道糸調節器
- 道糸1号 8m
- 20cm
- 20cm
- エダス0.6号 5～7cm
- 専用オモリ 4～6号
- アユ用毛バリ

イワナ

コギ、ゴギ、イモウオ

分布
日本各地

エサ
イクラ、カワムシ、ミミズ、バッタなど

<特徴>

　渓流の最上部や山上湖など冷水域に住み、昆虫、小魚からネズミまで食べる。産卵は秋から初冬にかけて行われる。生息域によっていくつかの亜種に分かれる。

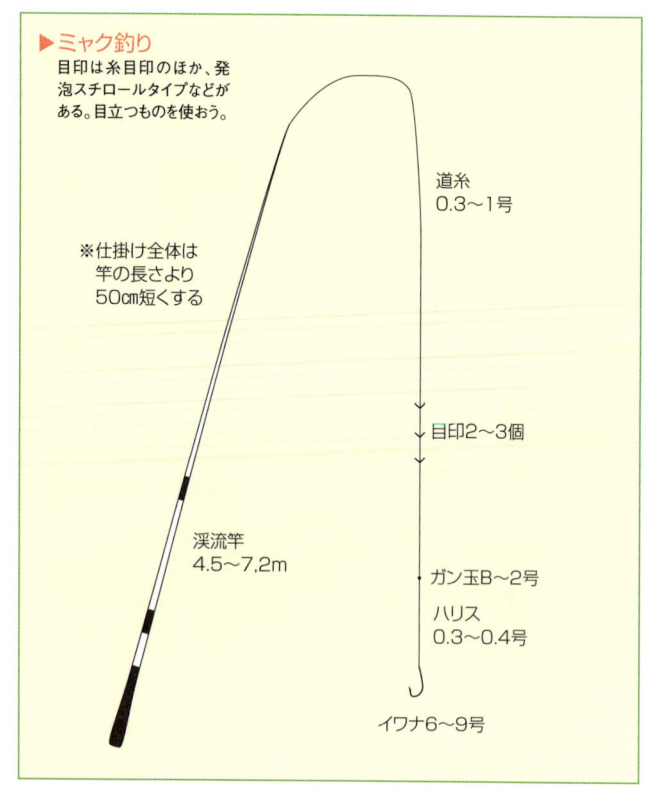

▶ミャク釣り

目印は糸目印のほか、発泡スチロールタイプなどがある。目立つものを使おう。

※仕掛け全体は竿の長さより50㎝短くする

渓流竿 4.5〜7.2m

道糸 0.3〜1号

目印2〜3個

ガン玉B〜2号

ハリス 0.3〜0.4号

イワナ6〜9号

1	2	3	4	5	6	7	8	9	10	11	12
			○	○	○	○	○	○			

上流 湖

<釣り方のポイント>

　ミャク釣りの場合、多彩なエサを使うことができる。イクラ、ミミズから川ゲラなどの川虫、またバッタなどの昆虫でもいい。中でもその川にいる川虫を採取して、それをエサにするのが効果的だ。エサをくわえたあと、住処にもどってから食べるのですぐにアワセる必要はない。テンカラ釣りはテンカラと呼ばれる毛バリを使う釣り。この場合、いかに状況にあった毛バリを選ぶかがポイントとなる。ほかにルアーフィッシングやフライフィッシングも行われる。禁漁日があるので事前に問い合わせておくこと。

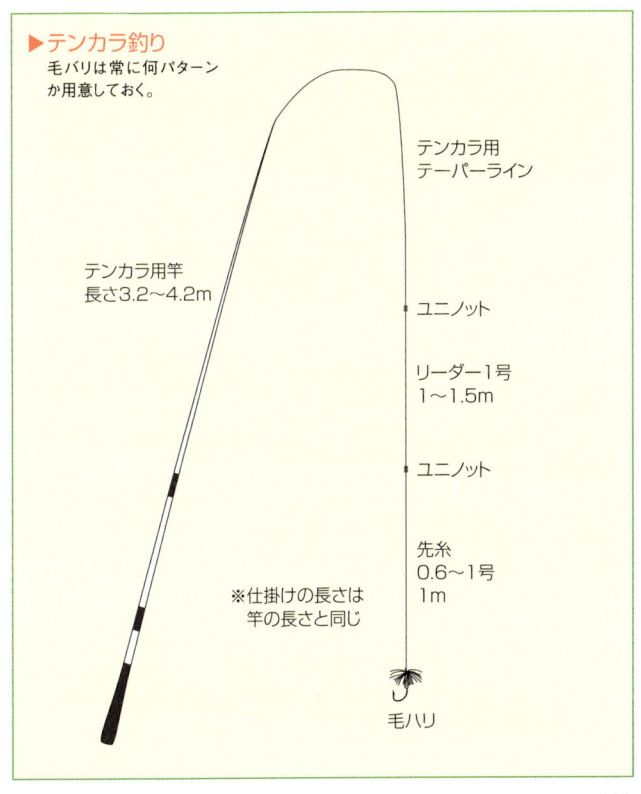

Ⅱ 川釣り

▶テンカラ釣り
毛バリは常に何パターンか用意しておく。

テンカラ用竿
長さ3.2〜4.2m

テンカラ用テーパーライン

ユニノット

リーダー1号
1〜1.5m

ユニノット

先糸
0.6〜1号
1m

毛バリ

※仕掛けの長さは竿の長さと同じ

ウグイ

ハヤ、アカハラ、イダ、クキ

分布
日本各地（琉球列島を除く）
エサ
川虫、ミミズ、イクラ、昆虫の幼虫など

<特徴>

　川の上流から河口部まであるいは湖沼などと幅広く生息している。流れのゆるやかな部分にいて小動物や藻類を食べている。春から夏にかけて産卵する。

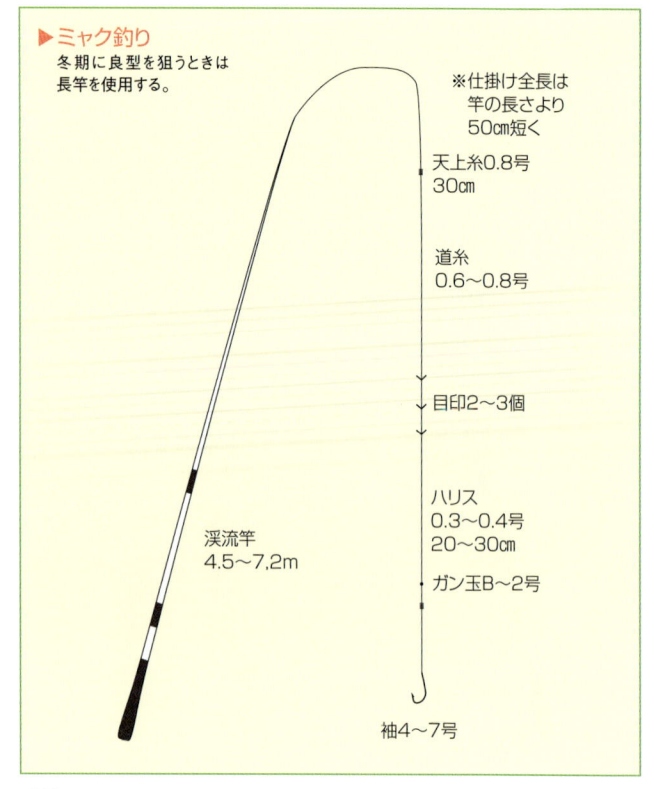

▶ミャク釣り
冬期に良型を狙うときは長竿を使用する。

※仕掛け全長は竿の長さより50㎝短く

天上糸0.8号 30㎝

道糸 0.6〜0.8号

目印2〜3個

ハリス 0.3〜0.4号 20〜30㎝

ガン玉B〜2号

渓流竿 4.5〜7.2m

袖4〜7号

| 1 | 2 | 3 | 4 | 5 | 6 | 7 | 8 | 9 | 10 | 11 | 12 |

上流　中流　下流　湖

＜釣り方のポイント＞

　ウグイ釣りでは多彩なエサが使えるのがおもしろい。川虫類からミミズ、パン、ウドン、ソーセージまでが使え、しかもすぐ近くの川にもいることから初心者にも狙いやすい。ポイントは岩影などの障害物回りや淵などの深場で、正確にポイントに打ち込んでやる。ミャク釣りの場合は流れに乗せるように竿をさばき、アタリがあればすかさずアワセる。ウキ釣りの場合も底近くのタナを狙う。アタリは繊細なので見逃さないように注意する。アタリがあれば素早く、軽くアワセてやる。

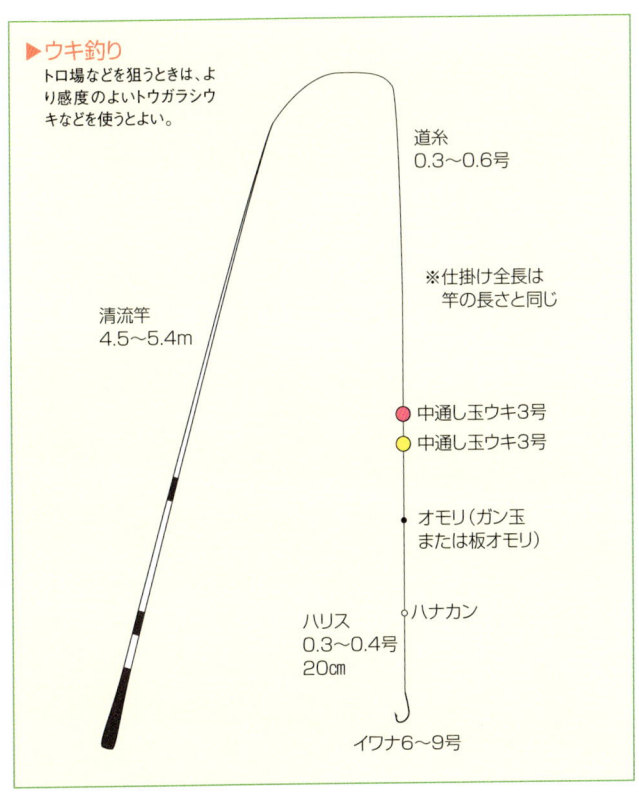

Ⅱ　川釣り

▶ウキ釣り

トロ場などを狙うときは、より感度のよいトウガラシウキなどを使うとよい。

- 道糸 0.3～0.6号
- 清流竿 4.5～5.4m
- ※仕掛け全長は竿の長さと同じ
- 中通し玉ウキ3号
- 中通し玉ウキ3号
- オモリ（ガン玉または板オモリ）
- ハナカン
- ハリス 0.3～0.4号 20cm
- イワナ6～9号

オイカワ

ヤマベ、ハエ、ハス

分布
東北以南

エサ
川虫、ミミズ、昆虫の幼虫、ウドン

＜特徴＞

川の上流から下流まで流れがゆるやかな所や湖沼に生息する。藻類や川虫などを食べる雑食性。オスは産卵期に赤や青緑色の婚姻色が現れる。

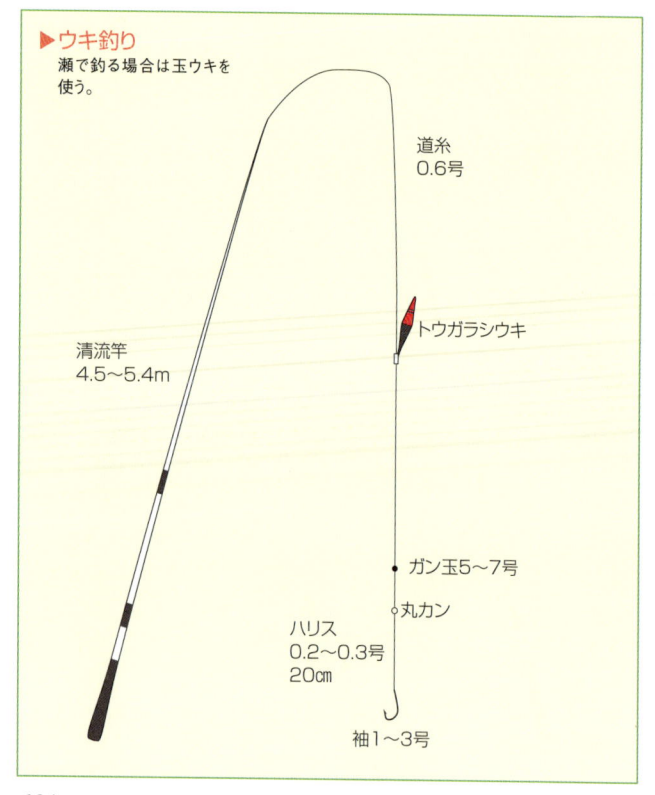

▶ウキ釣り

瀬で釣る場合は玉ウキを使う。

- 道糸 0.6号
- トウガラシウキ
- 清流竿 4.5～5.4m
- ガン玉5～7号
- 丸カン
- ハリス 0.2～0.3号 20cm
- 袖1～3号

1	2	3	4	5	6	7	8	9	10	11	12
				○	○	○	○	○	○	○	

上流　中流　下流　湖

＜釣り方のポイント＞

　ゆるやかな流れのところではウキ釣りで狙う。エサは川虫などが入手できれば1番よいが、チューブ入りの練りエサでも十分。マキエも効果的なので、事前に上流に投入しておいてもよい。ウキ下は底近くが標準だが、食いがよいときは短くしてもよい。アタリがあれば軽くアワセる。毛バリの流し釣りは流れの早い瀬などを狙うときに効果的。特に夏から秋にかけてのシーズンがよく、ライズがあるときが狙い目。オイカワは神経質な魚なので、物音などをできるだけ立てないようにしてポイントに近づく。

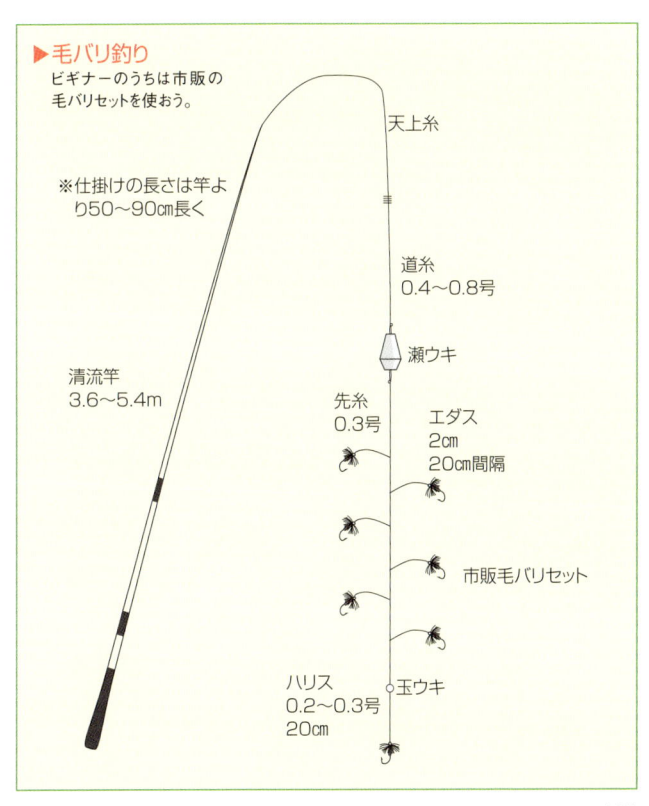

Ⅱ 川釣り

▶毛バリ釣り

ビギナーのうちは市販の毛バリセットを使おう。

※仕掛けの長さは竿より50～90㎝長く

清流竿 3.6～5.4m

天上糸

道糸 0.4～0.8号

瀬ウキ

先糸 0.3号

エダス 2㎝ 20㎝間隔

市販毛バリセット

ハリス 0.2～0.3号 20㎝

玉ウキ

Ｋコイ

マゴイ、ノゴイ

分布
日本各地

エサ
練りエサ、ミミズ

＜特徴＞

　川の中下流、池、湖に住み、小動物や藻類を食べる。最大で１ｍ以上にも達し、淡水魚の王様といわれる。フナに似た体型だが、コイは２対のヒゲを持っている。

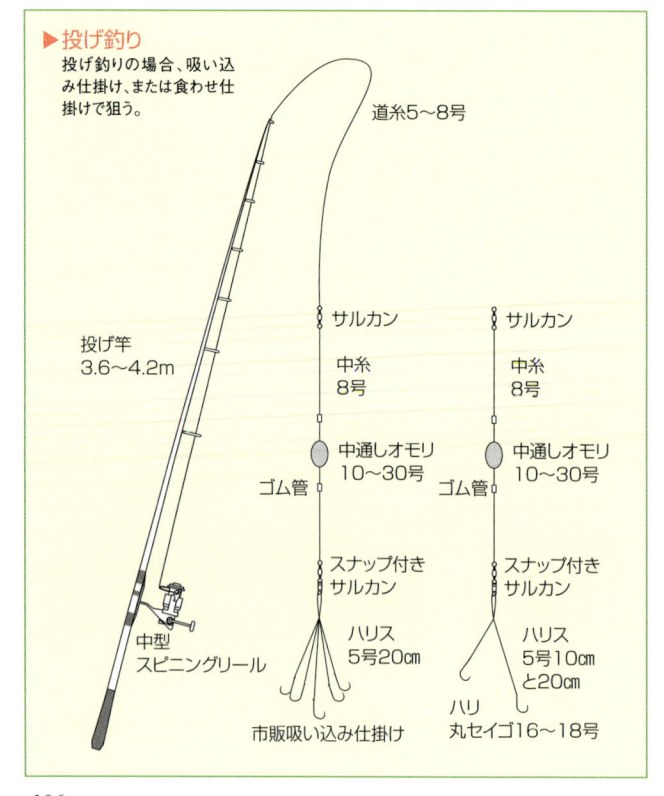

▶投げ釣り

投げ釣りの場合、吸い込み仕掛け、または食わせ仕掛けで狙う。

- 投げ竿 3.6～4.2m
- 中型スピニングリール
- 道糸5～8号
- サルカン
- 中糸 8号
- 中通しオモリ 10～30号
- ゴム管
- スナップ付きサルカン
- ハリス 5号20cm
- 市販吸い込み仕掛け

- サルカン
- 中糸 8号
- 中通しオモリ 10～30号
- ゴム管
- スナップ付きサルカン
- ハリス 5号10cmと20cm
- ハリ 丸セイゴ16～18号

1	2	3	4	5	6	7	8	9	10	11	12
			○	○	○	○	○	○	○	○	○

中流　下流　湖

<釣り方のポイント>

　コイはぶっ込み釣りかウキ釣りが主流。大物を狙うなら吸い込み仕掛けのぶっ込み釣りがよい。コイは群れでいつも決まったコースを回遊しているといわれる。その回遊コースを見つけだすことが釣果をあげるための第1歩だ。ポイントはカケアガリなど変化のあるところ。アタリがあれば、糸を送り込んでからしっかりと食い込んだところでアワセる。ウキ釣りの場合も、ポイントを正確に攻めることが必要。くわえて、タナ取りも重要になる。やはり早アワセは禁物で、少し置いてからアワセる。

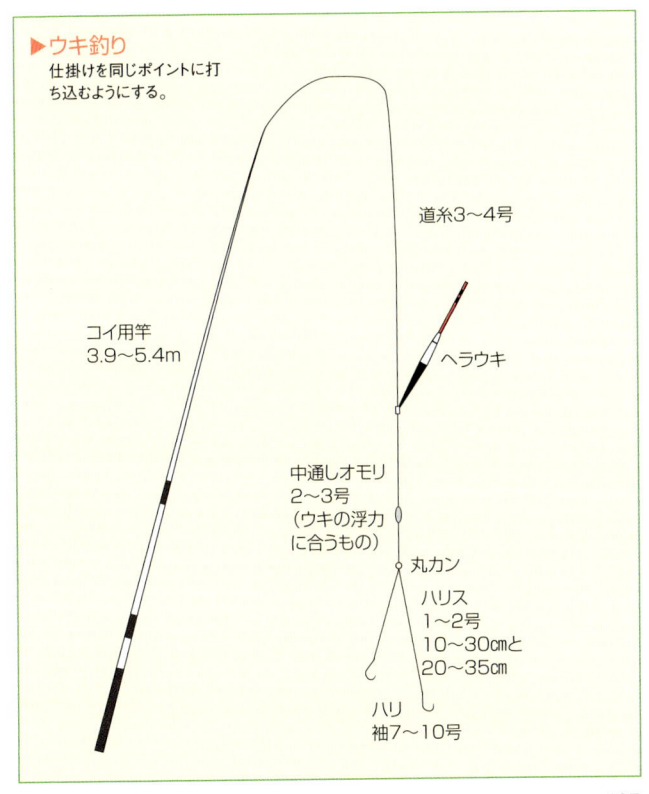

Ⅱ 川釣り

▶ウキ釣り
仕掛けを同じポイントに打ち込むようにする。

- コイ用竿 3.9〜5.4m
- 道糸3〜4号
- ヘラウキ
- 中通しオモリ 2〜3号（ウキの浮力に合うもの）
- 丸カン
- ハリス 1〜2号 10〜30cmと20〜35cm
- ハリ 袖7〜10号

タナゴ

マタナゴ

分布
日本各地

エサ
タマムシ

<特徴>

川の中下流の流れがゆるやかなところや湖沼に生息する。藻類や小動物を食べる。ヤリタナゴ、タイリクバラタナゴなどさまざまな種類がいる。どれも体長は最大のもので10cm前後。

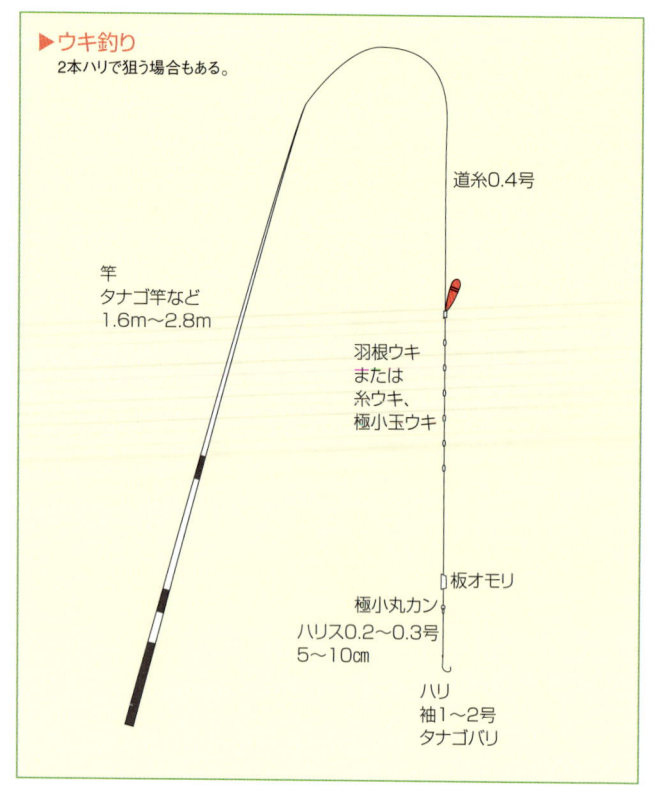

▶ウキ釣り
2本ハリで狙う場合もある。

- 竿 タナゴ竿など 1.6m〜2.8m
- 道糸0.4号
- 羽根ウキまたは糸ウキ、極小玉ウキ
- 板オモリ
- 極小丸カン
- ハリス0.2〜0.3号 5〜10cm
- ハリ 袖1〜2号 タナゴバリ

1	2	3	4	5	6	7	8	9	10	11	12
○	○	○	○	○	○	○	○	○	○	○	○

中流　下流　湖

<釣り方のポイント>

タナゴはミャク釣りとウキ釣りで狙えるがどちらも繊細な釣りになることに変わりはない。本格的なタナゴ釣りでは玉虫の腸をエサに使うのだが、エサ付けに10年かかるといわれるほど難しい。もっとも通常はアカムシや練りエサで十分。アタリは当然微妙で、分かりづらい。ウキ釣りではウキがじわっと沈むようにオモリを付け、ウキが止まったり、振れたり、違う早さで沈んだりといった変化が少しでもあればアワセるようにする。ミャク釣りの場合も目印などのわずかな変化を見逃さないようにする。

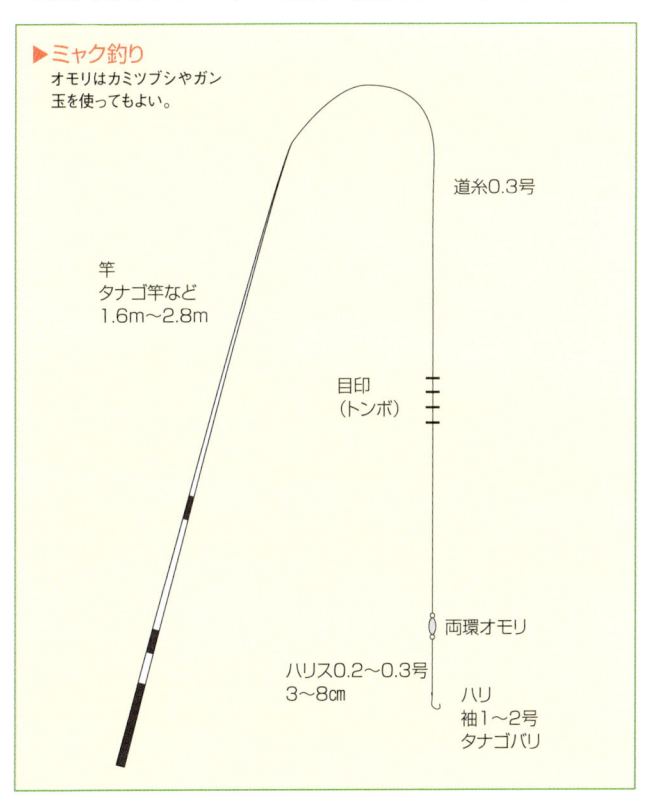

▶ミャク釣り
オモリはカミツブシやガン玉を使ってもよい。

竿
タナゴ竿など
1.6m～2.8m

道糸0.3号

目印
（トンボ）

両環オモリ

ハリス0.2～0.3号
3～8cm

ハリ
袖1～2号
タナゴバリ

テナガエビ

カワエビ

分布
本州、四国、九州

エサ
ミミズ

<特徴>

川の中・下流、河口部、沼や池などの砂泥地や捨て石周りに生息している。どちらかといえば夜行性で昼は岩陰などに隠れている。名の通りハサミのある足が長い。

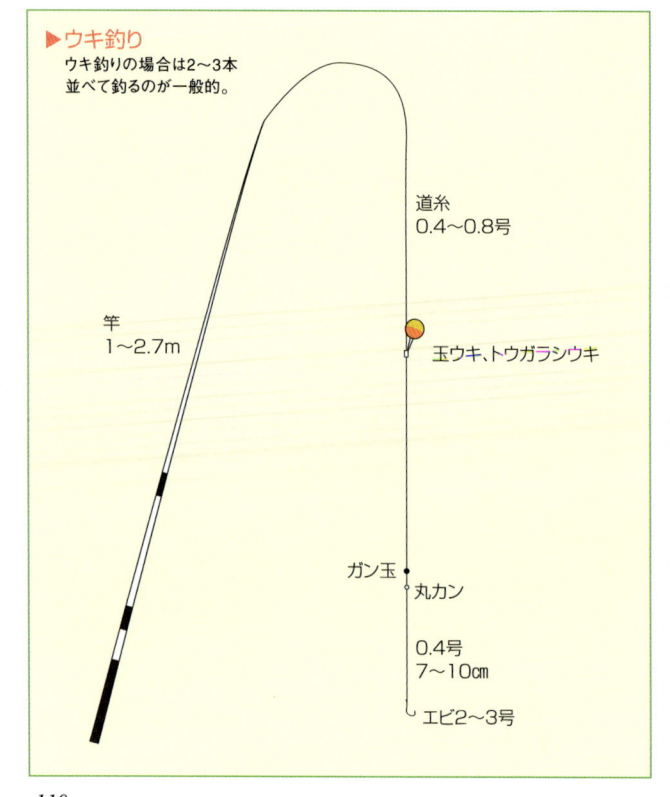

▶ウキ釣り
ウキ釣りの場合は2～3本並べて釣るのが一般的。

竿
1～2.7m

道糸
0.4～0.8号

玉ウキ、トウガラシウキ

ガン玉
丸カン

0.4号
7～10cm

エビ2～3号

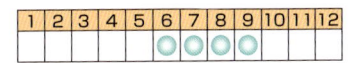

1	2	3	4	5	6	7	8	9	10	11	12
					○	○	○	○			

中流　下流　湖

<釣り方のポイント>

エサはミミズ（汽水域ならイソメ類でも可）を短く切ってハリに付ける。釣り方としてはウキ釣りとミャク釣りがあるが、どちらもシンプルでよい。流れがないところではウキ釣り、あるところではミャク釣りが有利。1〜2m程度の短竿を用いて2〜3本置き竿にして待つのもよい。ポイントは捨て石周りなど障害物の陰で、そこに仕掛けを投入する。アタリはまずウキや竿先に軽く出て、そのあと横に移動するように出る。さらにちょっと待ってウキが動かなくなったところでそっと竿をあげる。

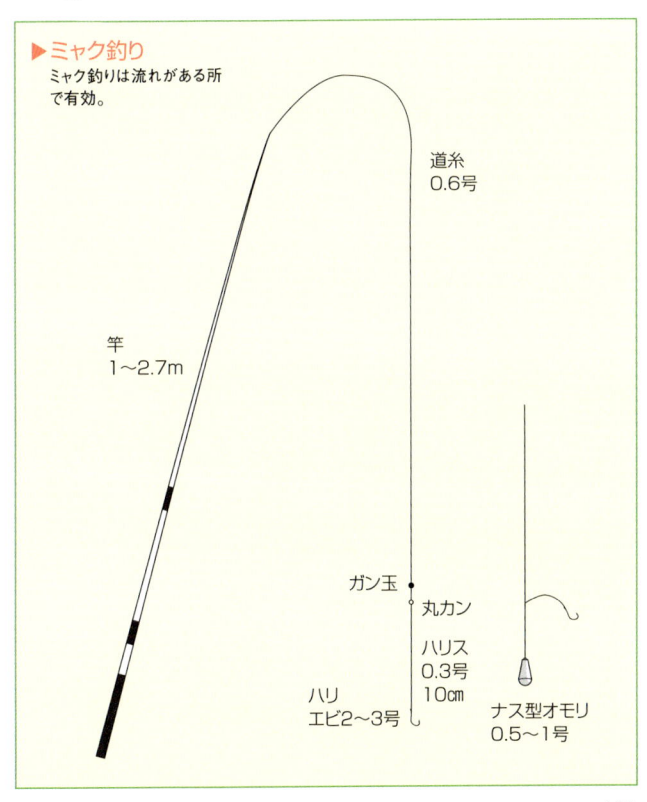

II 川釣り

▶ミャク釣り
ミャク釣りは流れがある所で有効。

竿 1〜2.7m
道糸 0.6号
ガン玉
丸カン
ハリス 0.3号 10cm
ハリ エビ2〜3号
ナス型オモリ 0.5〜1号

ニジマス

ホンマス

分布
日本各地

エサ
イクラ、ミミズ、練りエサ、川虫

<特徴>

北アメリカから移植され、各地の川や湖に放流されている。また管理釣り場でも人気の対象魚である。昆虫や小魚を捕食するため、ルアーやフライの対象魚となっている。

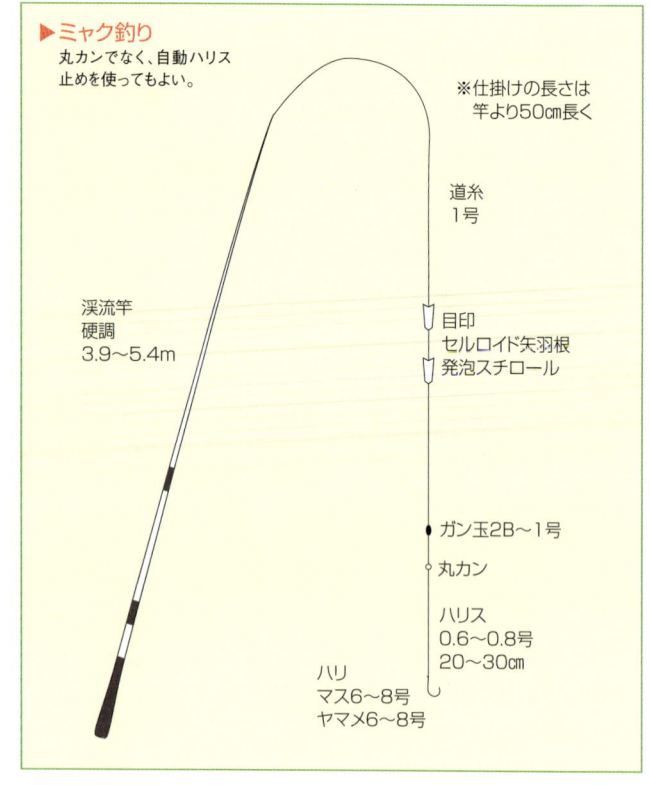

▶ミャク釣り

丸カンでなく、自動ハリス止めを使ってもよい。

※仕掛けの長さは竿より50㎝長く

- 道糸 1号
- 渓流竿 硬調 3.9～5.4m
- 目印 セルロイド矢羽根 発泡スチロール
- ガン玉2B～1号
- 丸カン
- ハリス 0.6～0.8号 20～30㎝
- ハリ マス6～8号 ヤマメ6～8号

1	2	3	4	5	6	7	8	9	10	11	12
			○	○	○	○	○	○	○		

上流　中流　湖

<釣り方のポイント>

　エサはミミズやイクラ、川虫などで、ミャク釣りもしくはウキ釣りで狙う。ニジマスのほとんどが放流魚なので、放流直後は比較的簡単に釣ることができる。流れの緩やかなポイントを狙って、底ギリギリを狙う。細かく動くアタリが出たら、すかさず、しかし軽くアワセる。放流から日が経てからは流れの速い所がポイント。管理釣り場や湖ではルアーで狙うこともできる。ルアーはミノータイプのほかにスピナーやスプーンも効果的である。カケアガリにそって変化をつけながらリーリングしてみよう。

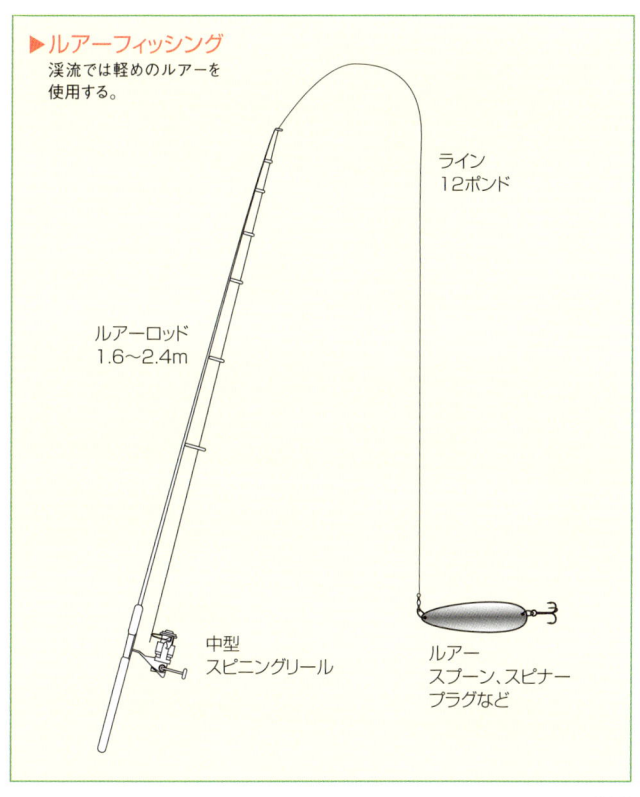

Ⅱ 川釣り

▶ルアーフィッシング
渓流では軽めのルアーを使用する。

- ライン　12ポンド
- ルアーロッド　1.6～2.4m
- 中型スピニングリール
- ルアー　スプーン、スピナー、プラグなど

ブラックバス

バス

分布
日本各地

エサ
ルアー、ミミズ、モエビ

＜特徴＞

　北アメリカから移植され、各地の川や湖に放流された。小魚やカエルなど何でも食べる悪食で、各地で在来種の減少が心配されるほど。

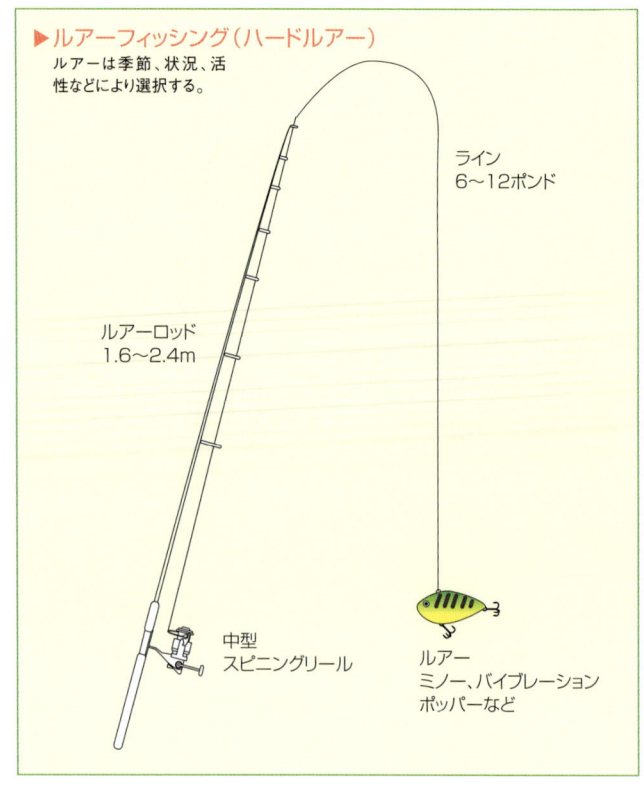

▶ルアーフィッシング（ハードルアー）

ルアーは季節、状況、活性などにより選択する。

ライン
6〜12ポンド

ルアーロッド
1.6〜2.4m

中型
スピニングリール

ルアー
ミノー、バイブレーション
ポッパーなど

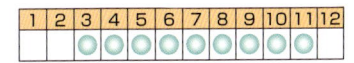

1	2	3	4	5	6	7	8	9	10	11	12
		○	○	○	○	○	○	○	○	○	

中流　下流　湖

<釣り方のポイント>

ブラックバスといえばルアーで狙う魚の代表。状況や季節、ポイントに応じてルアーを選択し、アクションをつけることがバスをヒットさせるためのコツ。

ポイントとなるのは杭の周り、カケアガリ、捨て石周辺などの障害物があるところである。もっとも数が狙えるのは秋ごろ。ベイトフィッシュと呼ばれる。バスのエサとなる魚が数多くいるところを見つけて、クランクベイトやトップウォータープラグなどで広範囲を探るとよい。

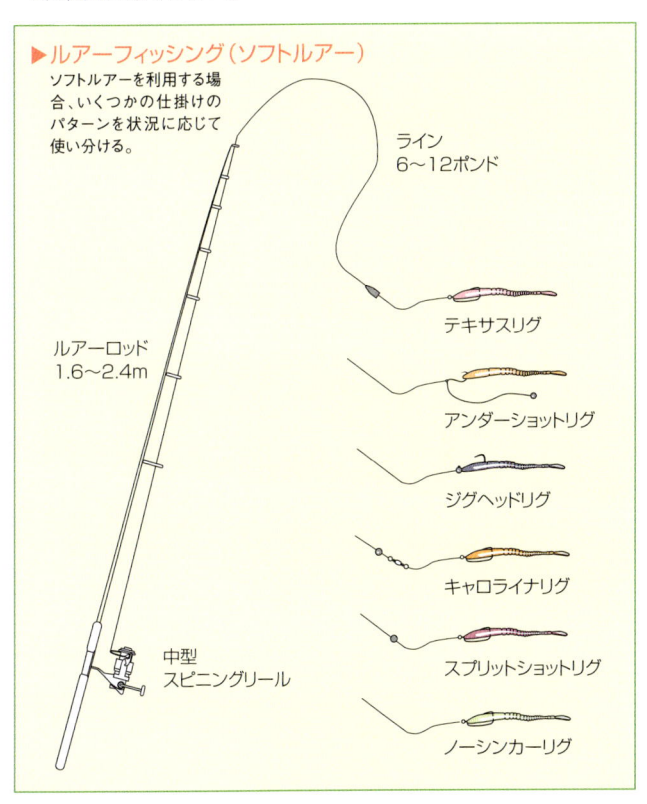

▶ルアーフィッシング(ソフトルアー)

ソフトルアーを利用する場合、いくつかの仕掛けのパターンを状況に応じて使い分ける。

ライン　6～12ポンド

ルアーロッド　1.6～2.4m

中型スピニングリール

テキサスリグ
アンダーショットリグ
ジグヘッドリグ
キャロライナリグ
スプリットショットリグ
ノーシンカーリグ

ヘラブナ

ゲンゴロウブナ、カワチブナ

分布
日本各地

エサ
練りエサ、ウドン

＜特徴＞

琵琶湖が原産で品種改良されたのち各地に放流された。ほかのフナより体高があり、頭が小さい。大きいものは50㎝を超えることも。群れを作って中層域を回遊する。

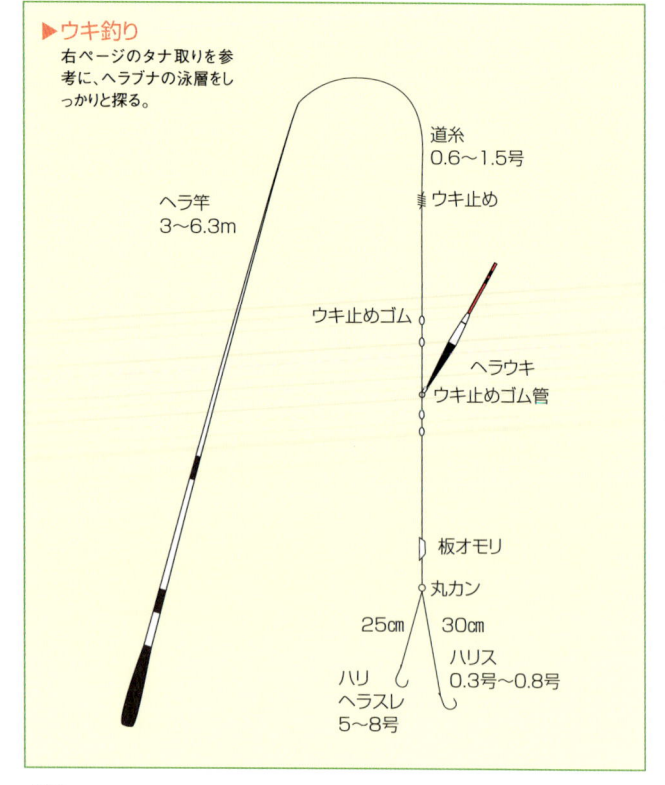

▶ウキ釣り

右ページのタナ取りを参考に、ヘラブナの泳層をしっかりと探る。

- 道糸 0.6～1.5号
- ウキ止め
- ヘラ竿 3～6.3m
- ウキ止めゴム
- ヘラウキ
- ウキ止めゴム管
- 板オモリ
- 丸カン
- 25㎝ / 30㎝
- ハリ ヘラスレ 5～8号
- ハリス 0.3号～0.8号

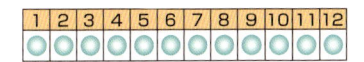

1	2	3	4	5	6	7	8	9	10	11	12
○	○	○	○	○	○	○	○	○	○	○	○

中流　下流　湖

<釣り方のポイント>

ヘラウキというヘラブナ専用のウキが作られるほど繊細な釣りである。ヘラブナ釣りではタナ取りが釣果の分かれ目となる。上・中・下層の3パターンにくわえて、底を釣る場合でも5つのパターンのタナ取りがあるほど。一般に冬場は底にいて、水温が上昇するにつれて中～上層を回遊するようになる。そのほかに天候などの条件によっても左右される。また、ウキのトップの調節も繊細なアタリを見逃さないためにも重要だ。水面からウキのトップだけが見えるくらいに調節しておこう。

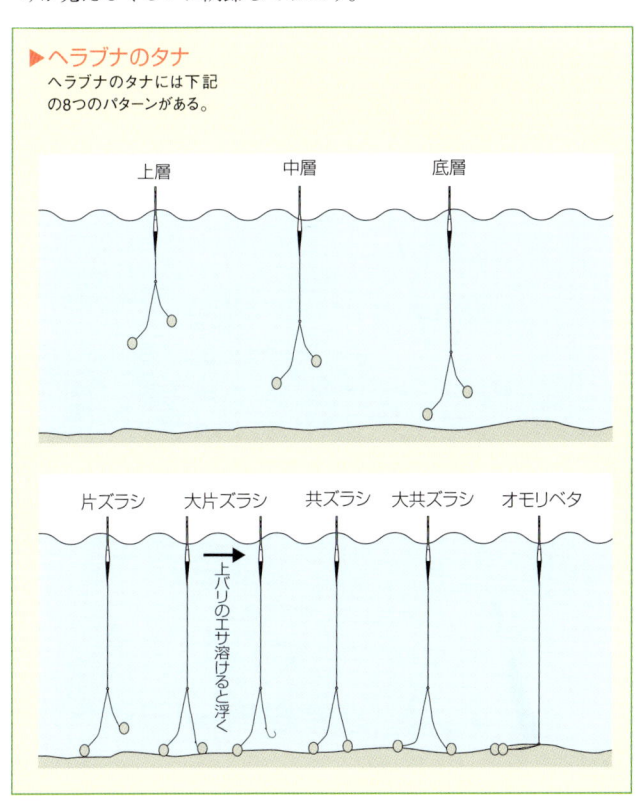

Ⅱ 川釣り

▶ヘラブナのタナ
ヘラブナのタナには下記の8つのパターンがある。

上層　中層　底層

片ズラシ　大片ズラシ　共ズラシ　大共ズラシ　オモリベタ

上バリのエサ溶けると浮く

マブナ ①

ヒラブナ、ヒワラ

分布
日本各地

エサ
アカムシ、キジ（ミミズ）

<特徴>

マブナと呼ばれるものにギンブナとキンブナがいるが、釣れるのはほとんどがギンブナ。平野の池や川などに広く生息して、底生動物や藻類を食べる。

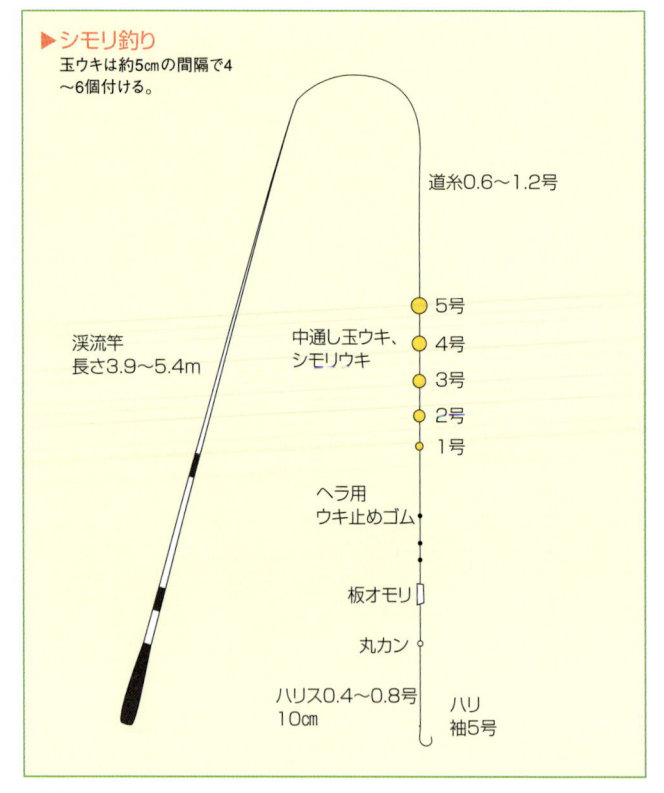

▶ シモリ釣り

玉ウキは約5cmの間隔で4〜6個付ける。

道糸0.6〜1.2号

渓流竿
長さ3.9〜5.4m

中通し玉ウキ、シモリウキ
- 5号
- 4号
- 3号
- 2号
- 1号

ヘラ用ウキ止めゴム

板オモリ

丸カン

ハリス0.4〜0.8号
10cm

ハリ
袖5号

1	2	3	4	5	6	7	8	9	10	11	12
○	○	○	○	○	○	○	○	○	○	○	○

中流　下流　湖

<釣り方のポイント>

マブナ狙いで一般的に行われているのはシモリ釣りである。複数の中通しシモリウキを付けた仕掛けでポイントを探し歩く探り釣りの一種だ。エサが底をはうように調節して、ポイントとなる杭の周りや藻の周辺などを攻めて行く。探り釣りのシモリ釣りに対して、並べ釣りは一種の置き釣りだ。2～4本の竿を使って、深場、カケアガリなどいくつかのポイントを攻める。エサは基本的に底をはわすが、底から離れた魚に対応するためエサを出す場合もある。巣離れから乗っ込む時期にかけて効果的な方法だ。

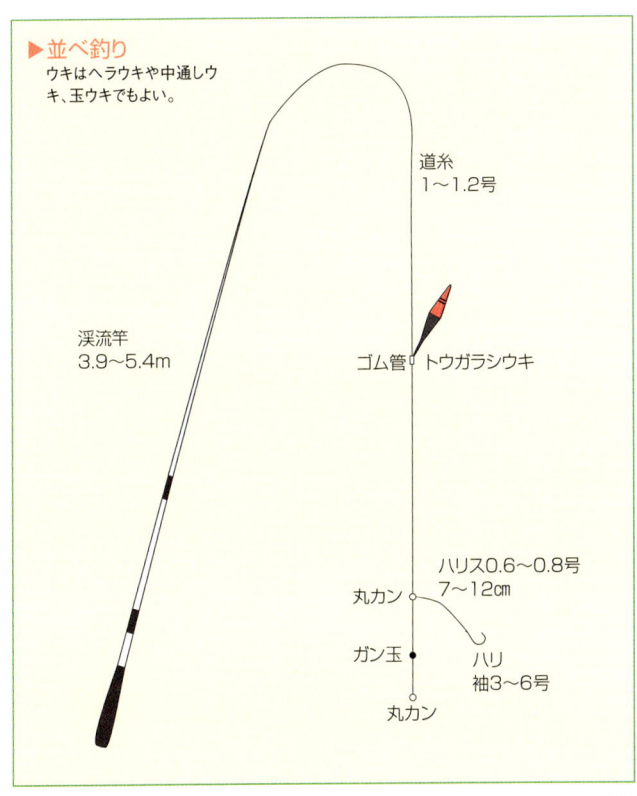

▶並べ釣り
ウキはヘラウキや中通しウキ、玉ウキでもよい。

渓流竿 3.9～5.4m

道糸 1～1.2号

ゴム管　トウガラシウキ

丸カン
ハリス0.6～0.8号 7～12cm
ガン玉
ハリ 袖3～6号
丸カン

マブナ② ヒラブナ、ヒワラ

　ヅキ釣りは乗っ込みのシーズンに有効な釣法。仕掛けは全部2m以内の長さにおさまるぐらい。竿もできればズームタイプを使い、さまざまな距離のポイントをしっかりと狙う。トウガラシウキは付ける場合も付けない場合もある。シモリウキは水中にすべて沈めて、ポイントとなる障害物の周辺などを着実に攻めて行く。アタリは微妙でさまざまなパターンがある。水中のシモリウキを使って、左右の動き、食い上げのアタリなどをしっかりととらえること。アワセは素早く軽く行う。障害物の周辺なので魚が掛かったら一気に抜きあげる必要がある。

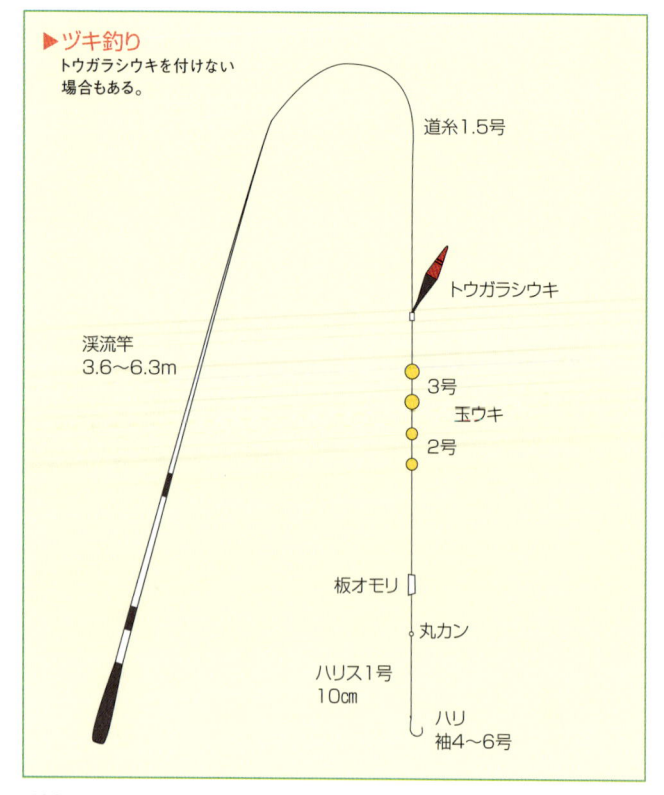

▶ヅキ釣り
トウガラシウキを付けない場合もある。

- 道糸1.5号
- トウガラシウキ
- 渓流竿 3.6〜6.3m
- 3号 玉ウキ
- 2号
- 板オモリ
- 丸カン
- ハリス1号 10cm
- ハリ 袖4〜6号

1	2	3	4	5	6	7	8	9	10	11	12
○	○	○	○	○	○	○	○	○	○	○	○

中流　下流　湖

引き釣りは深場に落ちたフナ、またはその前後の食いが渋いときの釣法だ。仕掛けを沖いっぱいに投げて、エサを底にはわせながら、ゆっくりと引いてくる。魚を誘いながら、底の変化を感じとり、重点ポイントを探す。アタリは竿先で取り、すばやく軽くアワセる。また遠くのポイントを狙う場合はリールを使ったぶっ込み釣りで狙う。仕掛けは海の投げ釣りのようにジェットテンビンを使ったり、中通しオモリを使うとよい。引き釣りと同じように、仕掛けを引きながらポイントを探す。釣果がでればそのポイントを重点的に攻める。

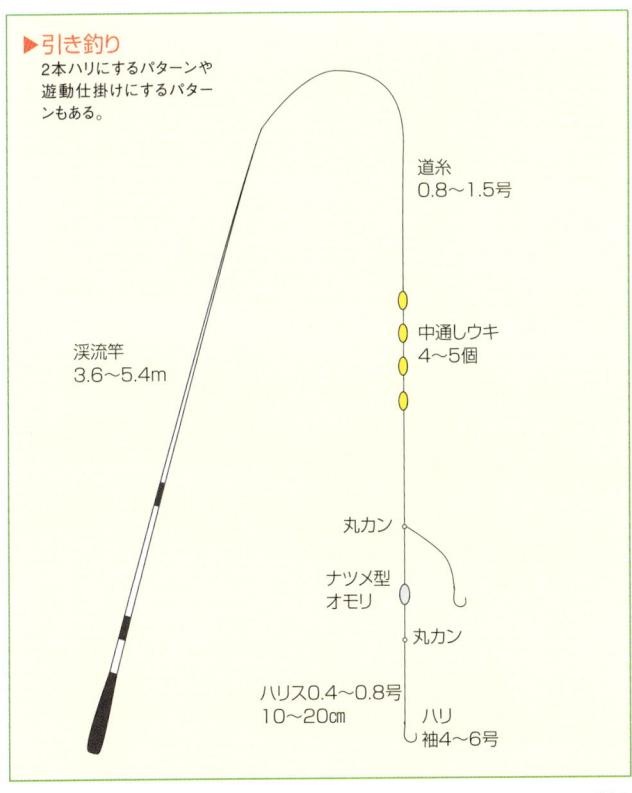

Ⅱ 川釣り

▶引き釣り
2本ハリにするパターンや遊動仕掛けにするパターンもある。

- 渓流竿 3.6〜5.4m
- 道糸 0.8〜1.5号
- 中通しウキ 4〜5個
- 丸カン
- ナツメ型オモリ
- 丸カン
- ハリス0.4〜0.8号 10〜20cm
- ハリ 袖4〜6号

モツゴ・モロコ

クチボソ

分布
本州、四国、九州（モツゴ）
日本各地（モロコ）

エサ
アカムシ、キジ（ミミズ）、練りエサ

<特徴>

　モツゴは平野部の湖や沼、流れの緩やかな川に生息。モロコは琵琶湖原産のホンモロコと、タモロコがいるがどちらも平野部の湖、池、緩やかな流れの川に生息している。

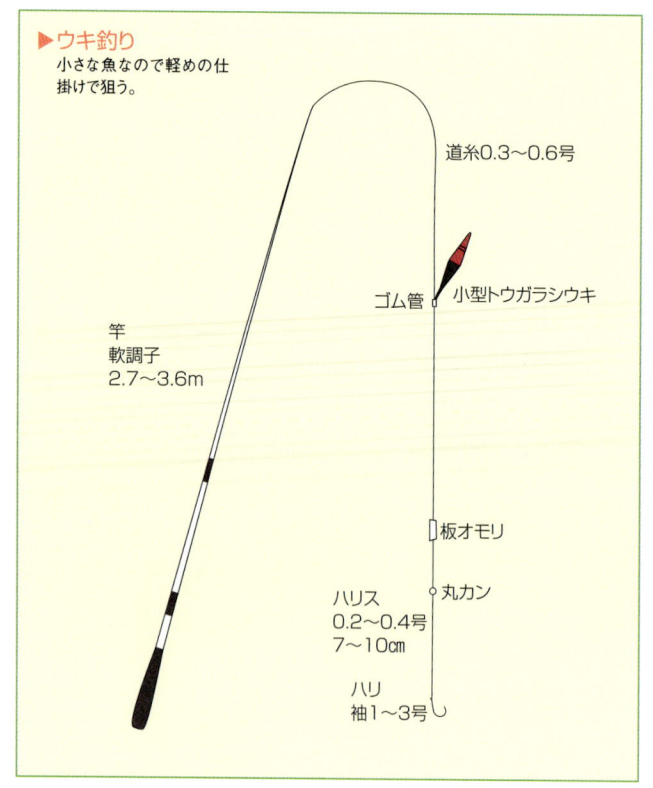

▶ウキ釣り
小さな魚なので軽めの仕掛けで狙う。

- 道糸0.3〜0.6号
- ゴム管
- 小型トウガラシウキ
- 竿 軟調子 2.7〜3.6m
- 板オモリ
- 丸カン
- ハリス 0.2〜0.4号 7〜10cm
- ハリ 袖1〜3号

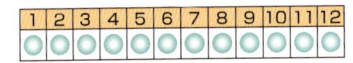

<釣り方のポイント>

　モツゴ、モロコはともにウキ釣りまたはミャク釣りで狙う。ともに中層にいる魚なので、エサは必ず底を切るようにする。また、エサは必ず小さく付ける。小さな魚なのでアタリは繊細、できるだけ感度のよいウキを使うようにしたい。ミャク釣りの場合は必ず目印をつけて、それでアタリを取る。群れているので、1尾釣れたポイントでは数釣りすることもできる。また、岸よりにいることが多いので、いきなり岸に近づかないで、少し離れたところから竿を出すようにしたい。

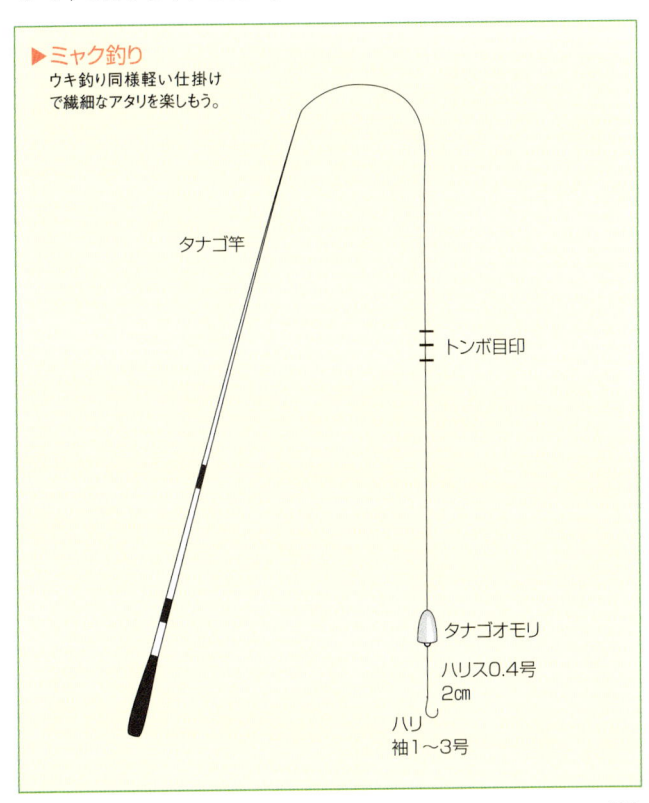

▶ミャク釣り
ウキ釣り同様軽い仕掛けで繊細なアタリを楽しもう。

- タナゴ竿
- トンボ目印
- タナゴオモリ
- ハリス0.4号 2cm
- ハリ 袖1〜3号

ヤマメ

ヤマベ、エノハ

分布
日本各地（沖縄諸島を除く）

エサ
イクラ、ブドウムシ、キジ、カワゲラ、チョロ

<特徴>

川の上流、中流に生息する。サクラマスの陸封型で、パーマークは一生残る。その美しさは川魚の中でも、1、2を争う。ごく近種の魚にアマゴがいる。

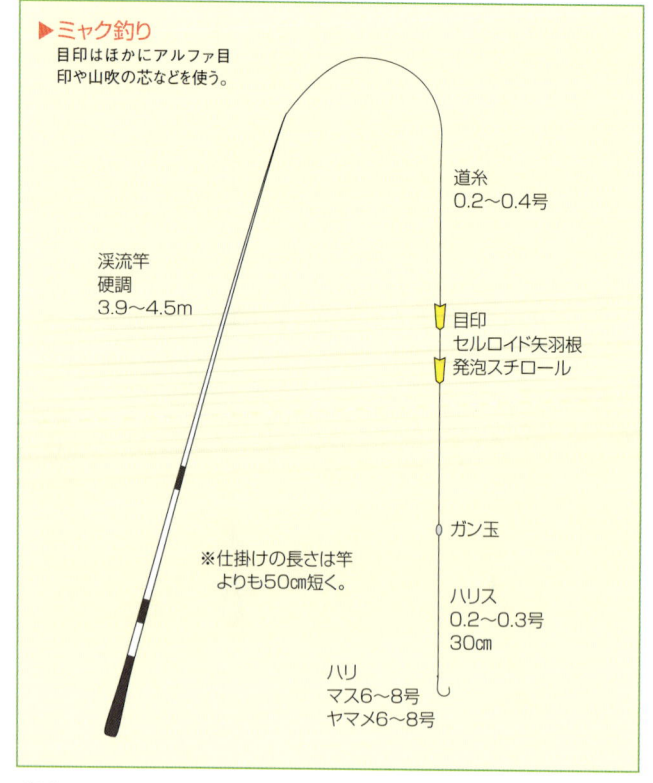

▶ミャク釣り

目印はほかにアルファ目印や山吹の芯などを使う。

渓流竿
硬調
3.9～4.5m

道糸
0.2～0.4号

目印
セルロイド矢羽根
発泡スチロール

ガン玉

ハリス
0.2～0.3号
30cm

ハリ
マス6～8号
ヤマメ6～8号

※仕掛けの長さは竿よりも50cm短く。

1	2	3	4	5	6	7	8	9	10	11	12
		○	○	○	○	○	○	○			

上流 中流

<釣り方のポイント>

ポイントは淵や落ち込みの周辺など。ヤマメは大変臆病な魚なので、ポイントへは下流から慎重に近づくこと。ミャク釣りの場合は、目印の繊細な動きを読みとり、素早くアワセを入れることが大切。アタリがなければ、ねばらずにポイントを移動していく。

テンカラ釣りは毛バリをポイントの少し上流に打ち込んで、本物の虫に見えるように、自然に流す。アワセは早すぎるくらいの気持ちで行う。なお、禁漁期間などは事前に問い合わせておくこと。

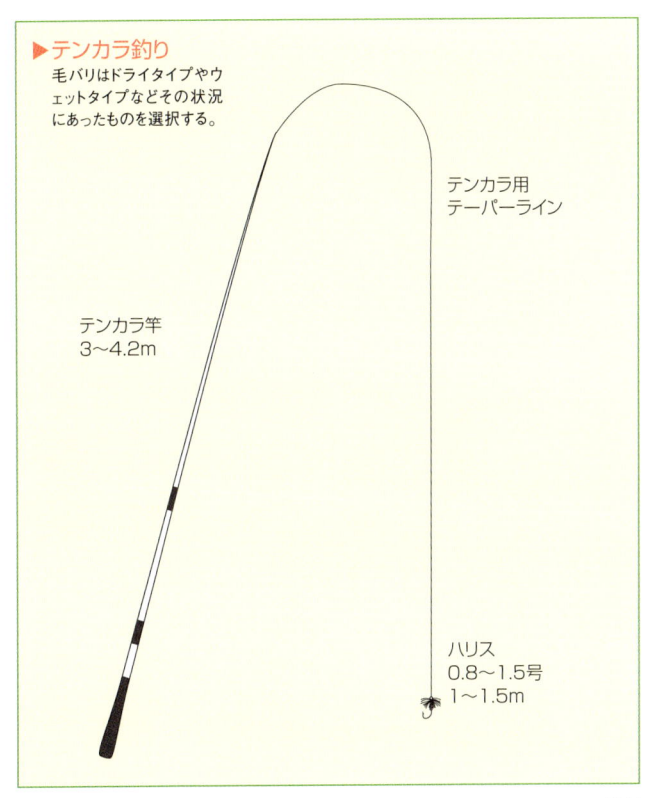

Ⅱ 川釣り

▶テンカラ釣り
毛バリはドライタイプやウェットタイプなどその状況にあったものを選択する。

テンカラ用テーパーライン

テンカラ竿
3～4.2m

ハリス
0.8～1.5号
1～1.5m

ワカサギ①

アマサギ、シラサギ、ソメグリ

分布
日本各地

エサ
サシ、アカムシ

＜特徴＞

　もともとは沿岸の汽水域に住んで、産卵期に淡水に移動する魚。淡水への順応性が高いため、そのまま湖に居着いたり、放流されて、そのまま各地の湖や池に生息する。

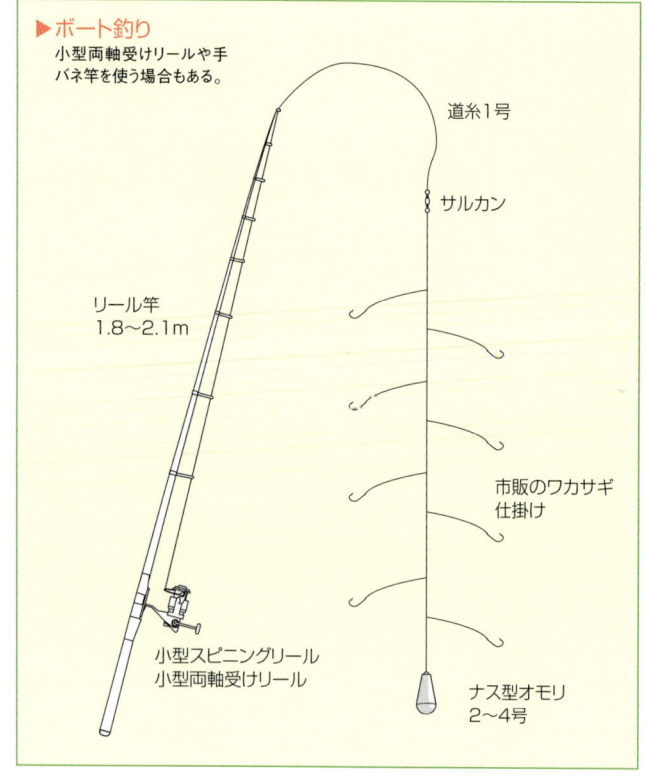

▶ボート釣り

小型両軸受けリールや手バネ竿を使う場合もある。

道糸1号

サルカン

リール竿
1.8～2.1m

市販のワカサギ仕掛け

小型スピニングリール
小型両軸受けリール

ナス型オモリ
2～4号

1	2	3	4	5	6	7	8	9	10	11	12
○	○	○							○	○	○

中流　下流　湖

<釣り方のポイント>

　ワカサギ釣りといえば、ボート釣りまたは氷上の穴釣りが有名。ボート釣りの場合、ハリ数は5〜15本だが、慣れないうちは少ないものを選ぼう。ポイントはカケアガリや藻のあるところなどで、タナは水温により変化するので、その都度探る必要がある。効率よく釣りたいなら、竿を2本用意し、違うタナにセットしておくとよい。釣れたらそのタナに2本とも合わせて狙う。エサは紅サシが効果的。仕掛けがタナに着いたら、上下に軽く動かして、ワカサギを誘う。口が弱いので強いアワセは禁物。

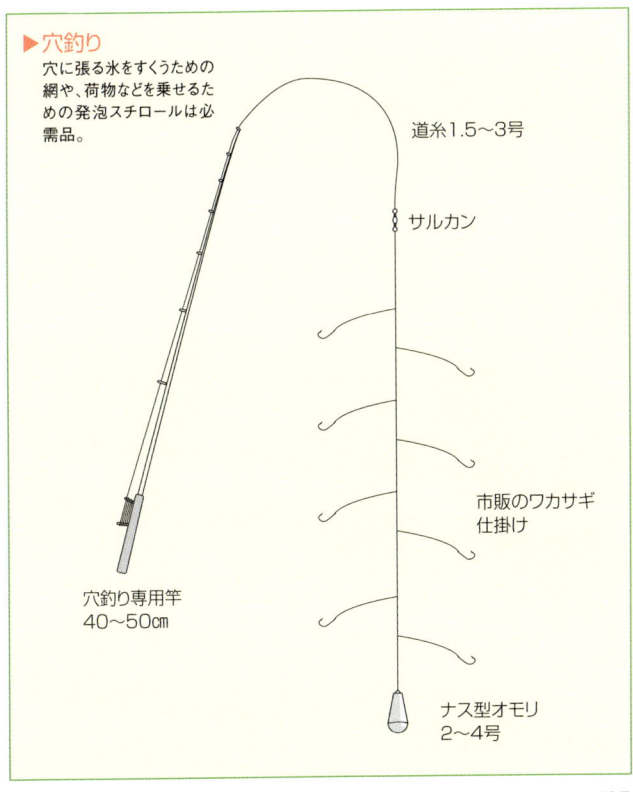

Ⅱ 川釣り

▶穴釣り

穴に張る氷をすくうための網や、荷物などを乗せるための発泡スチロールは必需品。

道糸1.5〜3号

サルカン

市販のワカサギ仕掛け

穴釣り専用竿
40〜50cm

ナス型オモリ
2〜4号

127

ワカサギ②

アマサギ、シラサギ、ソメグリ

　穴釣りは冬の風物詩ともいえる釣り。湖や池に張った氷に穴を開けて仕掛けを落とし込む釣りだ。どこででもできるわけではないが、機会があればぜひ挑戦したい釣りだ。釣り方は基本的にボート釣りと同じで、魚のいるタナを素早くつかむことが釣果を伸ばすコツ。なお、急に気温が上がって氷が割れやすくなるなどの危険があるので十分に気をつけてほしい。ボートや氷上からだけでなく、岸からもウキ釣りで狙うことができる。カケアガリなどのポイントを狙って、仕掛けを落とし込む。基本的に深場を狙い、タナをうまく設定しておけば、釣果につながる。

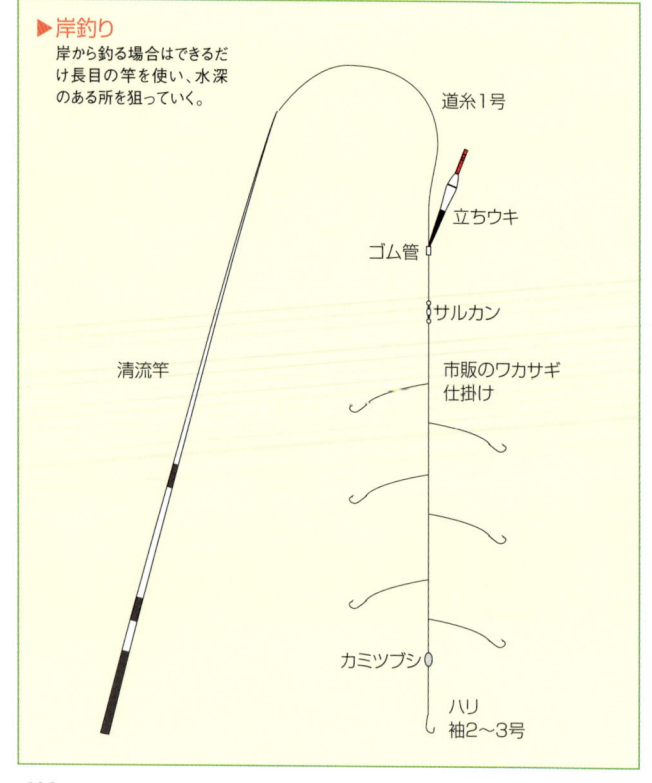

▶**岸釣り**

岸から釣る場合はできるだけ長目の竿を使い、水深のある所を狙っていく。

- 道糸1号
- 立ちウキ
- ゴム管
- サルカン
- 市販のワカサギ仕掛け
- 清流竿
- カミツブシ
- ハリ 袖2～3号

III
付録

- 危険な魚
- 魚の締め方
- 釣魚料理
- 結び方
- 釣りの道具
- 釣りの知識
- 用語集
- 釣行記録

危険な魚

●危険な魚には気をつける

海釣りでは、毒を持っていたり、するどい棘や歯を持つ魚が釣れることがある。そんなときは素手では絶対に触らず、魚バサミを使ってハリをはずすようにしよう。簡単にはずれないようならば無理をせずに、ハリスごと切ってしまったほうがよい。

また、堤防の上などにそれらの魚を絶対に放置しないこと。死んでも毒を持っていることに変わりない。子どもがうっかり触ってしまうこともある。以下に代表的な危険な魚を挙げておくので、釣りあげたときは十分に注意しよう。

アイゴ

磯釣りで釣れる。背ビレ、腹ビレ、尻ビレに毒腺を持つ棘がある。刺されると強烈に痛む。食べられるので好んで釣る人もいるが、ビギナーは手を出さないほうが無難。

ゴンズイ

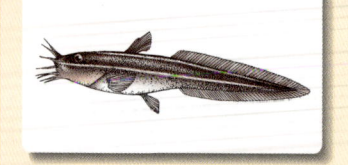

夜行性なので夜釣りでよく釣れる。背ビレと胸ビレに毒棘がある。毒ヒレを取れば調理して食べることができるが、取り除くヒレには毒がそのまま残る。食べる場合は扱い慣れた人に頼む。

ウツボ

磯釣りの外道として釣れる。大きい口の鋭い歯が危険。釣れたら不用意にハリをはずそうとせず、ハリスを切る。毒はないが生命力が強いので、防波堤の上などに捨てないこと。

Appendix

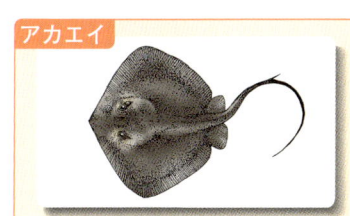

アカエイ

投げ釣り、ルアーフィッシングで釣れる。尾の付け根に毒を持つ棘が数本ある。食用となるが、その場合は尾をすべて切ってしまうこと。

フグ

内臓に毒があり、素人が調理できないことは広く知られているが、その歯にも注意する必要がある。ハリもへし折ってしまうほどなので、指を突っ込んだりするととんでもないことになる。

ハオコゼ

投げ釣りやミャク釣りの外道として釣れる。小さな魚だが、背ビレに毒腺があり、その毒性は非常に強い。

　上記の魚のほかにも、オニオコゼ、ミノカサゴなど毒を持つ魚は数多くいる。知らない魚が釣れたときはむやみに触らないようにしよう。また、対象魚の中にも毒こそ持たないが危険な魚がいる。たとえば歯の鋭い魚にはタチウオ、ヒラメ、ダツ、イシダイなどがいる。ヒレやエラに気を付けたい魚はスズキ、クロダイ、メゴチ、カサゴ類、メゴチなど。こうした魚が釣れた場合、慣れないうちは魚バサミやタオルを使って扱うようにする。また、持ち帰る場合は、その場でヒレなどは切り落としてしまうとよい。

魚の締め方

●魚の締め方

　釣れた魚を新鮮なうちに食べられるのは、釣り人の特権。その特権も持ち帰るときの保存方法が悪かったりすると台なし。おいしい魚を食べるには、魚の締め方やおいしい持ち帰り方をおぼえておきたい。

　ここでは、魚の種類ごとに締め方を紹介しよう。釣り上げた魚をバケツなどに入れて放置しておくと、しだいに弱って死んでしまう。これでは魚の鮮度は落ちてしまいおいしさも半減。スカリなどがあって、元気なまま魚を生かしておける場合は別だが、そうでなければ、釣り上げたらできるだけ早く、締めて即死させてしまうことが、おいしく食べるための第一歩だ。

● 活き締め（中・大型魚）

　マダイ、クロダイ、メジナ、スズキなどは、まず目の後ろのエラブタの縁あたりから刃を突き刺して、中骨の下の大動脈を切る。

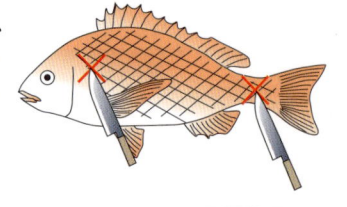

　さらに尾ビレの付け根にも刃を入れ、中骨を切る。魚を折り曲げるようにして、血を出してから、海水を入れたバケツに頭から入れて血抜きする。メジナなど磯臭い魚の場合は、血抜きのあと腹ワタを取って、血合いなどを海水で洗い流しておくとよい。

● 活き締め（イカ・タコ）

　目と目の間を千枚通しなど尖ったもの（無ければナイフなど）で深く突き刺す。

● 氷締め（小型魚）

　ハゼ、小アジ、キスなど小型魚の場合は氷締めでよい。氷を敷き詰めたクーラーボックスの中に海水を入れ、そこに魚を浸す。このとき、袋入りの氷などの場合そのまま入れておくとよい。さらに血抜きをして、ハラワタを抜いておくとなおよい。

Appendix

● 魚別の処理方法一覧

魚	締め方	魚	締め方
アイナメ	活き締め	ニベ	腹ワタ・エラを取る
アジ	氷締め	ハゼ	氷締め
アナゴ	活き締め	ヒラマサ	活き締め
イカ	活き締め	ヒラメ	活き締め
イサキ	活き締め	ブダイ	腹ワタ・エラを取る
イシダイ	活き締め	ブリ	活き締め
ウミタナゴ	活き締め	ボラ	活き締め
カサゴ	腹ワタ・エラを取る	マゴチ	活き締め
カツオ	活き締め	マダイ	活き締め
カワハギ	活き締め	メジナ	腹ワタ・エラを取る
カンパチ	活き締め	メバル	活き締め
キンメダイ	活き締め	アユ	氷締め
クロダイ	活き締め	イワナ	腹ワタ・エラを取る
サバ	腹ワタ・エラを取る	ウグイ	腹ワタ・エラを取る
サヨリ	氷締め	オイカワ	生かしておく
シマアジ	活き締め	コイ	生かしておく
シロキス	氷締め	テナガエビ	生かしておく
スズキ	活き締め	ニジマス	腹ワタ・エラを取る
タカベ	氷締め	ブラックバス	活き締め
タコ	活き締め	ヤマメ	腹ワタ・エラを取る
タチウオ	活き締め	ワカサギ	氷締め

●持ち帰るまで

　締めた魚はクーラーボックスに入れて、保存しておくのが一般的。クーラーボックスに氷を敷き詰めて、まんべんなく冷やすことが大事。ただし、必ずビニール袋に入れたり、新聞紙にくるんだりして、直接氷に当たらないようにする。

釣魚料理・基礎編①

●釣魚料理に必要な道具

　魚料理のために特別に用意する道具は、基本的に魚をおろすときに使うものだ。そのほかは家庭で使っている調理道具と何ら変わることはない。まず包丁だが、洋包丁で代用できるが、魚料理をひんぱんにするなら、出刃包丁と柳刃包丁はぜひともそろえておきたい。魚のウロコを落とすウロコ落としも中型魚以上を調理するなら必需品だ。骨抜きもあると便利だが、毛抜きで代用できる。

●下ごしらえ

　魚を料理するには、いくつかの下ごしらえが必要だ。この下ごしらえが面倒で魚の料理に尻込みしてしまう人も多いようだが、慣れてしまえば簡単。ぜひともマスターして、下ごしらえ名人になろう。下ごしらえは、基本的にウロコ取り→ハラワタを取る→2～5枚おろし、と進む。

●魚の各部の名称

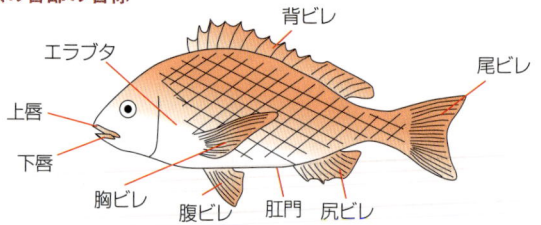

（図：背ビレ、エラブタ、尾ビレ、上唇、下唇、胸ビレ、腹ビレ、肛門、尻ビレ）

●調理方法と処理方法

　帰宅後、すぐに調理して食べる場合はよいが、大量に釣れた場合など、なかなかそうもいかない場合も多い。何日か後に食べる場合でもその処理によって、おいしさが違ってくる。

　刺身の場合は柵取りしたあとラップして保存。柵取りしたあとに昆布じめ、酢じめ、醤油漬けにしてもよい。冷蔵保存では2日ほど（昆布じめ、醤油漬けは4日ほど）。冷凍保存で3週間が目安。火を通して食べる場合、ハラワタ、エラ、ウロコを取った後、塩を軽くふって、なじんだあとにラップする。冷凍するときは食べる大きさに切って、使う分ごとにラップでくるむ。

Appendix

●下ごしらえ

①魚を水で洗い、汚れやぬめりを取る。アジの場合まずゼイゴを取る。次にウロコを落とす。

②胸ビレの下から包丁を入れる。少し頭に向けて斜めになるようにするとよい。

③頭を切り落とす。姿造りにするときは、頭を落としてしまわず、中骨の部分までにしておく。

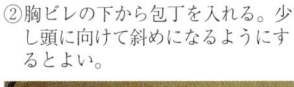

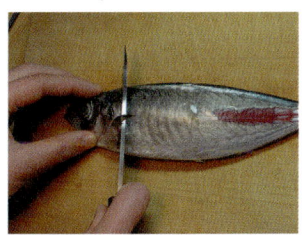

④肛門から頭の方向に向かって、切り込みを入れておく。

⑤包丁でかき出すようにしてハラワタを取り出す。

⑥血のりをきれいに洗い流す。ペーパータオルなどで水気を取る。

※メジナなど磯魚は腹ワタを出すとき、胆のうをつぶさないように注意する。

釣魚料理・基礎編②

●2枚おろしと3枚おろし

①背ビレの上に中骨にそって、切り込みを入れる。中骨にあたるまで、少しずつ深く切り込んでいく。

②腹ビレの上に切り込みを入れて、同じように中骨にあたるまで、少しずつ深く切り込んでいく。

③中骨の上から包丁を入れ、中骨についている部分を切り離す。このとき尾を押さえておく。

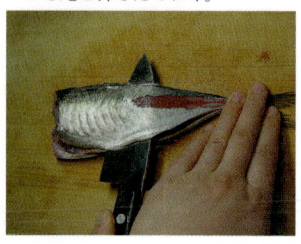

④尾に残っている部分を切り離したら2枚おろしの完成。

⑤骨が残っているほうの身も、同じようにして、身と骨を切り離す。

⑥3枚おろしの完成。

※小魚の場合は、中骨にそって尾から頭までいっきに切り離してもよい。

Appendix

●下ごしらえ

①3枚おろしにした身から腹骨をそぐ。刃を寝かせて、腹骨が残らないように切り落とす。

②血合い骨にそって包丁を入れて、身を2つに切り分ける。このとき血合い骨が腹側に残るようにする。

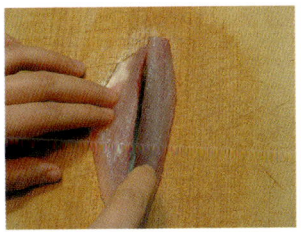

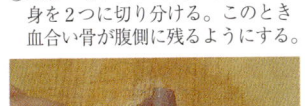

③腹側に残っている血合い骨を切り取る。すべてきれいに取れているか確認する。

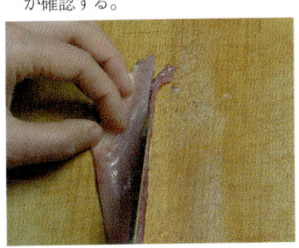

④尾側に皮まで切らないように切り込みを入れ、皮を指で固定しながら包丁を少しずつ動かし皮を取る。

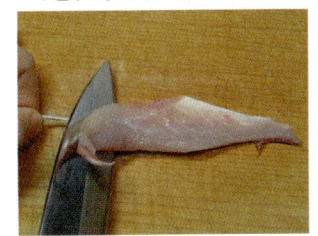

⑤同じようにすべての皮を取れば、柵取りの完成。

※半身のまま使いたいときなどは血合い骨は骨抜きで取るとよい。

Ⅲ 付録

釣魚料理・実践編①

アジのたたき

食材としても、釣りの対象魚としても馴染みの深いアジ。その代表的な料理がアジのたたきだ。

材料
アジ1匹、アサツキ適量、長ネギ適量、ショウガ適量

①尾から包丁を入れてゼイゴを切り取る。
②3枚におろして、腹骨をすく。血合い骨は骨抜きで抜く。身が大きければ、普通に柵取りしてもよい。
③皮を引いたあと、細切りにする。
④アサツキ、長ネギ、シソの葉をみじん切りにして、ショウガをすりおろす。
⑤③と④を混ぜあわせる。
⑥シソの葉とともに盛り付けて、完成。姿作りにするとより見栄えがいい。またごはんに載せて、わさび醤油で食べるアジのたたき丼にしてもいい。

タイのカルパッチョ

タイは普通に刺身でも十分おいしいが、たまには洋風刺身のカルパッチョにしてみるのもよい。

材料
タイ、エキストラバージンオイル、レモン汁、塩、コショウ、ネギなど

①タイを3枚におろす。
②柵取りする。
③薄く削ぎ切りする。
④皿に広げながら盛り付けて行く。
⑤オリーブオイル、レモン汁をまわしかける。
⑥塩、胡椒で味を調える。
⑦ネギを全体にちらす。

※ここではタイのカルパッチョを紹介したが、ほかの白身魚（ヒラメなど）やカツオ、マグロなどでもよい。

Appendix

スズキのバルサミコソース

スズキは和風なら洗いにして食べるとおいしいが、たまにはひと工夫加えた洋風にトライしてみよう。
材料
スズキ、ニンニク、オリーブオイル、バルサミコ酢、レモンなど

①ニンニクを輪切りにして、オリーブオイルで炒め、色がついたら取り出す。
②この油でスズキを皮目から入れ、身が縮んできたらターナーで軽く押さえつけるようにして焼く。
③塩、こしょうをして裏返し、さらにこんがりと色がつくまで焼く。
④皿に焼き上がったスズキを盛り、エキストラバージンオイルとバルサミコ酢をかける。
⑤フライパンから取り出しておいたニンニクと、レモンなどを飾る。

潮汁

マダイやクロダイを釣り上げたら、そのアラは潮汁にして、すべての身を食べ尽くそう。
材料
タイ切り身(アラ)、水4カップ、ダシ昆布、酒・塩・しょう油(小さじ1)

① タイをざるにのせ、塩をふってしばらくおき、熱湯をかけた後、水の中できれいにこする。(血やうろこを取る)
②鍋にだし昆布と魚をおいて水を入れ、酒・塩を入れて加熱する。煮立ったらだし昆布を取り出し、弱火でさらに10分程度煮る。
③ 3cm程度に切った三ツ葉を入れ、火を消す。香りつけに、しょう油を入れる。
④ほどよい余熱で、魚に味をしっかりしみ込ませる。
⑤お椀に注いだあと、ネギやショウガなどを添える。

Ⅲ 付録

釣魚料理・実践編②

メバルの煮付け

堤防釣りから沖釣りまで幅広く対象とされるメバル。どんな料理でもあろうが、煮付けはその代表料理。
材料
メバル1匹、水、しょうゆ、砂糖、酒

①メバルのハラワタ、エラをとる。
②飾り包丁を入れる。
③煮汁を鍋で煮立たせてから、魚をその中に入れる。
④アルミホイルなどで落としブタをして、中火で煮込む。
⑤ときおりフタを取り、煮汁を上からそそぎかける。
⑥10分ほどで出来上がる。火を止めてメバルを皿に盛り付けて野菜などを添える。
※煮汁の分量は、昆布だし3/4カップ、しょうゆ1/2、砂糖大さじ2、酒大さじ1を基本に好みで変更すればよい。カサゴ、カレイなどの場合も作り方は同じ。

キスの天ぷら

投げ釣りのターゲットとして人気のキスは、天ぷらがうまい。新鮮なキスを使った天ぷらが食べられるのは釣り人の特権。
材料
キス、衣（小麦粉、卵、水適量）

①キスはまず、ウロコを取り、頭を落とす。
②背開きにして、ハラワタを取る。
③衣を作る。
④天ぷら油を熱して、170℃ぐらいにする。
⑤キスを油で揚げる。衣の周りの泡が小さくなれば、ちょうどよい具合に揚がっている。
⑥ほかに野菜なども一緒に揚げて添えて盛り付ける。
※油の温度の目安は、衣を落とした時に、途中まで沈んでから浮いてくるぐらい。なお、1度に材料を入れすぎないように気をつける。

Appendix

ブリ大根

脂ののった大物のブリが釣れたら、身は刺身にするとしても、アラはブリ大根にしてみよう。
材料
ブリのアラ1尾分、大根、ショウガ、酒、しょうゆ、みりん、砂糖

①大根を輪切りにして米のとぎ汁でゆでたあと、アラ熱を取る。
②ブリは頭をカブト割りにして、切り分ける。塩を振って流水で洗ってから、ザルにのせ、熱湯を注ぎかける。次にたっぷり冷水で血を丁寧に洗い流す。
③ブリをナベに入れて、水と酒を加えて、強火にかける。
④沸騰したら中火にしてアクを取る。
⑤アクが出なくなったら、スライスしたショウガ、大根を入れ5分煮て、さらにみりん、砂糖を加え3分煮る。最後にしょうゆを加え、落としブタをして1時間煮たら完成。

アジの焼きびたし

大衆魚アジは、ただ塩焼きにするだけでもおいしいが、もう一工夫するとそのおいしさも一段とひきたつ。
材料
アジ、酒、しょうゆ、しょうが、木の芽・シソなど。

①アジはウロコ、ハラワタを取る。
②軽く塩をしてからアミで焼く。
③同量の酒としょうゆをまぜ、その半分の水またはダシで割る。
④アジが焼けたら、その焼き立てのまますぐに③のタレに漬けて、皿に盛り付ける。タレに漬ける時間は好みでよい。
⑤ショウガ、木の芽、シソなどを添える。
※しょうゆの替わりにポン酢を使ってもよい。アジの一工夫加えた料理として、塩を振って酢に5分ほど漬けておく、アジの酢じめもおいしい。

Ⅲ 付録

結び方 ①

チチワ

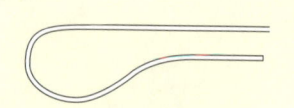

① ハリスの端を2つ折りにして、必要な大きさの輪を作る。

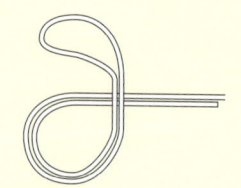

② 2つ折りにした部分で、もう1度輪を作る。

③ 新しくできた輪に最初の輪を通して、調節しながらゆっくり結ぶ。

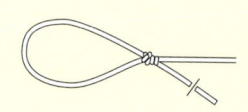

④ 余分な糸を切る。

チチワ（8の字）

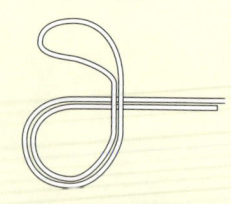

① 上記のチチワと同様に2つ折りにして、もう1度輪を作る。

② 新しくできた輪を手前にひねる。

③ ひねってできた輪に最初の輪を通す。

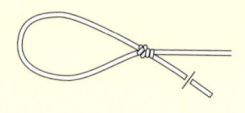

④ 余分な糸を切る。

Appendix

糸と糸①

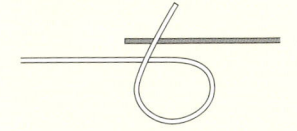

①2本の糸の端をあわせて、一方の糸で輪を作る。

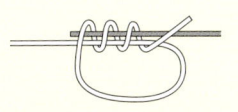

②輪の中に糸を3、4回くぐらせ、強く糸を引いて軽く締める。

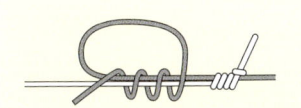

③もう一方の糸も同じ様に輪を作り糸をくぐらせ軽く締める。

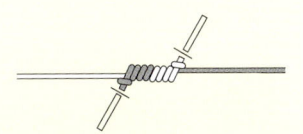

④両端を引いて強く締めたあと、余分な糸を切る。

糸と糸②

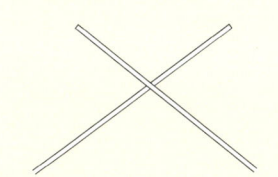

①2本の糸を交差させる。

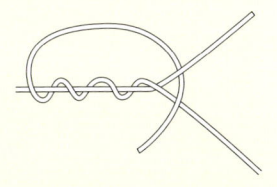

②一方の糸をもう一方の糸に3回ほど巻き付け、2本の糸の間にはさむ。

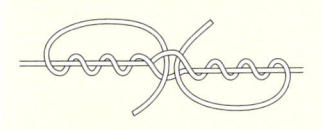

③反対側も同じように巻き付け、まん中の輪に通す。

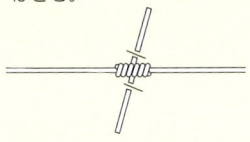

④糸の両端をゆっくりと引いて固く締める。余分な糸を切る。

結び方②

スプールと糸

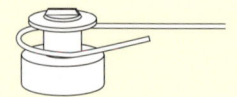

①スプールに糸を通す。

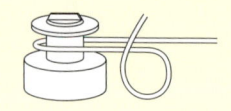

②糸で輪を作る。

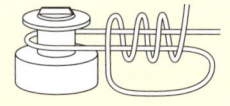

③輪の中に糸を3～4回通す。

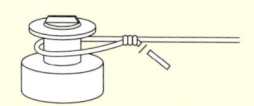

④糸を引いてしっかりと締める。余分な糸を切る。

ハリと糸①

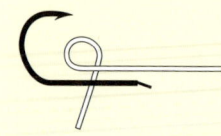

①糸の端で輪を作り、ハリの軸を添える。

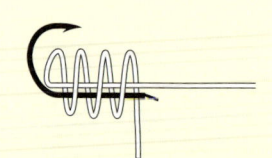

②ハリの軸に糸を4～8回ほど巻き付けていく。

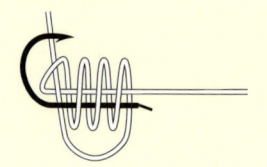

③最初に作った輪に糸を通す。

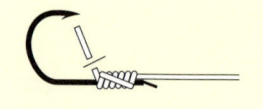

④糸を引いてしっかりと締める。余分な糸を切る。

Appendix

ハリと糸②

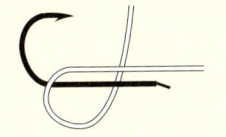

①糸の端で輪を作り、ハリの軸を添える。

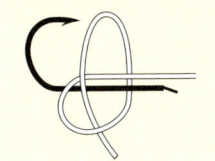

②輪の中に糸を通す。

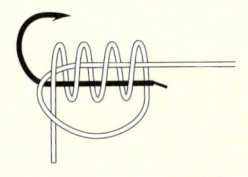

③これを繰り返して、ハリの軸に5、6回巻き付けていく。

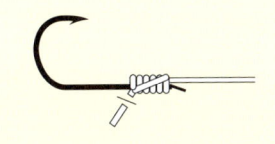

④糸を引いてしっかりと締める。余分な糸を切る。

ハリと糸③

①糸の端で輪を作り、ハリの軸を中に通す。

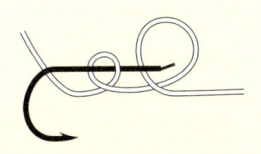

②さらにもう1つ輪を作り、チモト側からハリの軸を通す。

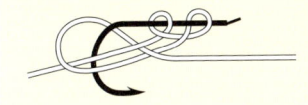

③もう1度輪を作り、今度はハリ先からハリと糸の端をくぐらせる。

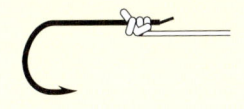

④糸を引いてしっかりと締める。余分な糸を切る。

結び方③

サルカンと糸①

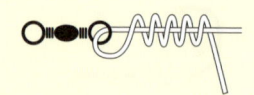

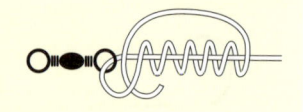

①サルカンの環に糸を通して4〜5回巻き付ける。

②最初にできた輪に糸を通す。

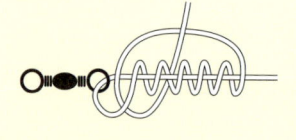

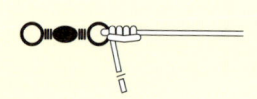

③新しくできた輪に糸を通して、調節しながらゆっくり結ぶ。

④余分な糸を切る。

サルカンと糸②

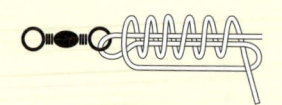

①糸をサルカンの環の中に通して2つ折りにする。

②2つ折りにした部分でできた輪の中に糸を通しながら、4〜5回巻き付ける。

③糸の端を引いて締める。

④元糸を引いて、しっかりと締める。余分な糸を切る。

Appendix

サルカンと糸③

①サルカンの輪に糸を2回通す。

②元の糸と一緒に4回ほど巻きつける。

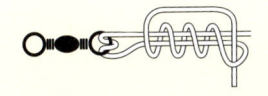

③巻き付けてできた輪に糸を通す。

④ゆっくりと強く締めたあと、余分な糸を切る。

サルカンと糸④

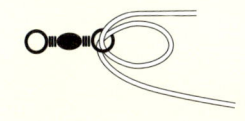

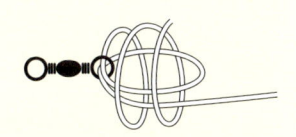

①サルカンの環に糸を2回通して輪を作る。

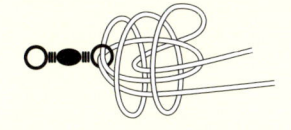

②できた輪と糸の元ごと先端で2回巻く。

③3つの輪に下から先端を通す。

④ゆっくりと糸を引いて締め、余分な糸を切る。

Ⅲ 付録

結び方④

エダス

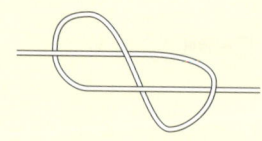

①幹糸のエダスを結ぶところに8の字結びを作る。

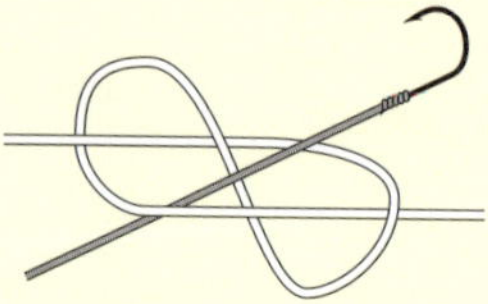

②中にエダスを通して、ゆっくりと締める。

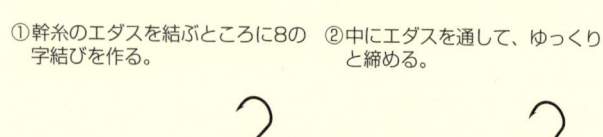

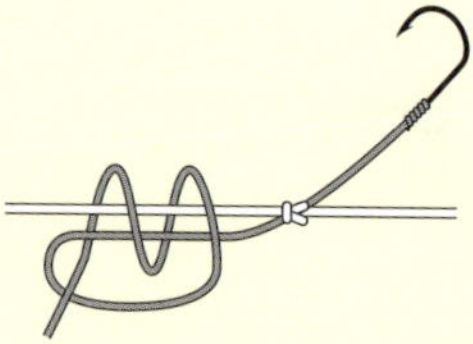

③エダスの端を幹糸に2回巻き込む。

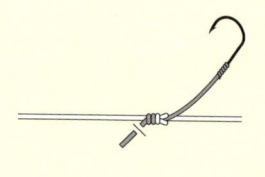

④エダスを引いてしっかりと締める。余分な糸を切る。

エダス

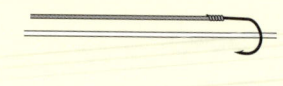

①幹糸にエダスを添える。

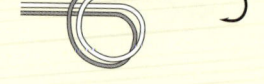

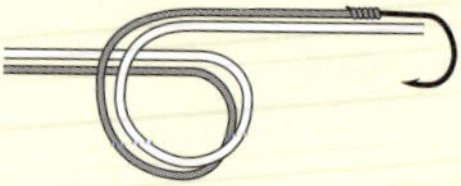

②2本一緒に輪を作る。

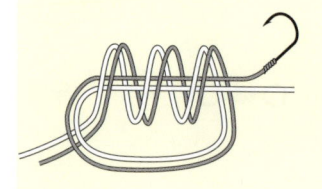

③2本いっしょに端を輪の中に通して、しっかりと締める。

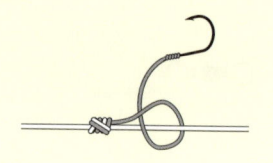

④幹糸にエダスを1度からませる。

Appendix

マゴバリ結び方

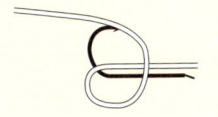

①ハリを結んだ糸にもう1つのハリを添える。

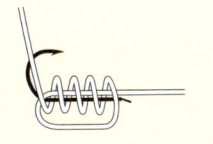

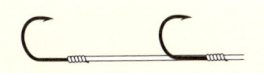

②ハリスで輪を作る。

③輪の中に3〜4回ハリスを通す。

④ゆっくりと締めて完成。

糸とスプール

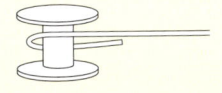

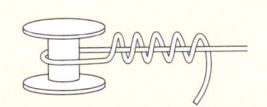

①糸の端で輪を作り、ハリの軸を中に通す。

②元の糸に数回巻き付ける。

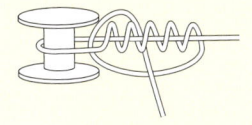

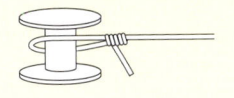

③もう1度輪を作り、今度はハリ先からハリと糸の端をくぐらせる。

④糸を引いてしっかりと締める。余分な糸を切る。

結び方⑤

穂先と道糸

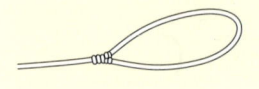

①チチワを作る。

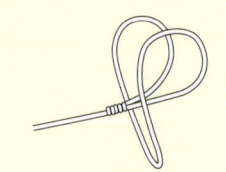

②チチワの輪から結び目をつまみ引っ張って輪を2つ作る。

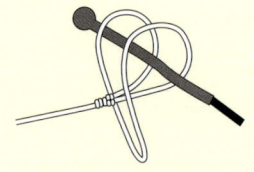

③できた2つの輪の中にリリアンを通す。

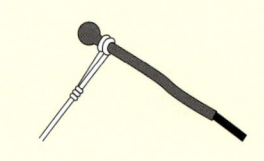

④ゆっくりと引いて締める。

2本ヨリ

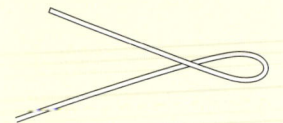

①必要な長さだけ糸を折り曲げる。

②右手でよっていく。

③8の字結びで止めを作り、完成。

Appendix

フリーノット

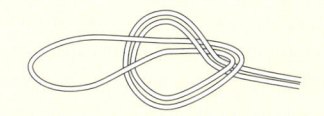

①糸を2つ折りにして、固め止めで輪をつくる。

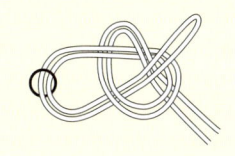

②ルアーの環に糸を通してから、固め止めで作った輪に通す。

③さらに輪を通した糸で元糸を巻き込みながら通す。

④ゆっくりと締める。

ルアーと糸

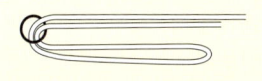

①糸を2つ折りにして環の中に通す。

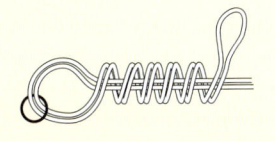

②元の糸に4～5回巻き付ける。

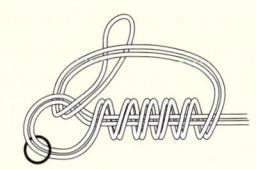

③巻き付けてできた輪にくぐらせてから、さらに新しくできた輪に通す。

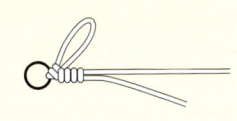

④しっかりと締める。

Ⅲ 付録

結び方⑥

ワイヤーとハリ

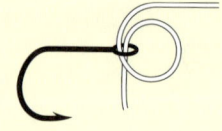

①ハリの穴にワイヤーを2回くぐらせ、輪を作る。

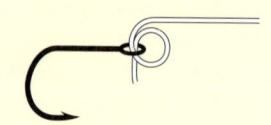

②ワイヤーの元を引いて、輪を小さくする。

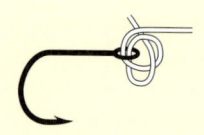

③ワイヤーの端を輪に通して、ワイヤーのヨリの方向に巻く。

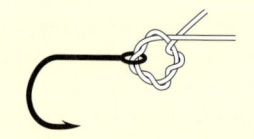

④ワイヤーの元を締める。

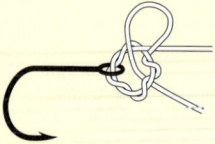

⑤端を輪にもう1度通して固定する。

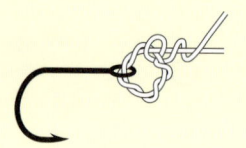

⑥輪の大きさを固定するため端をしっかりと締める。

⑦端をワイヤーの元に巻き付ける。

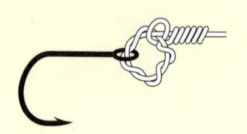

⑧7〜8回巻き付けて、余分なワイヤーを切る。

Appendix

ウキ止め

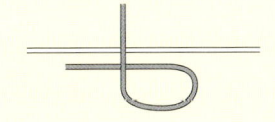

①道糸に補修糸を添え、輪を作る。

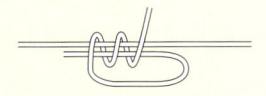

②道糸に巻き付けながら、補修糸を輪の中に通す。

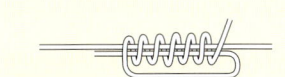

③これを5～6回くり返す。

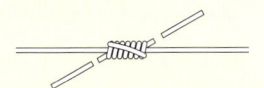

④補修糸をゆっくりと引いて、締める。余分な糸を切る。

ヨリチチワ

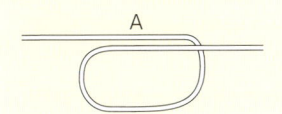

①糸で輪を作る。

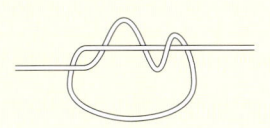

②輪の中にAの部分をくぐらせる。

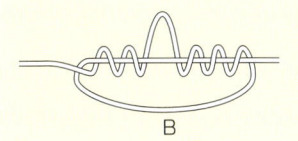

③3回繰り返す。

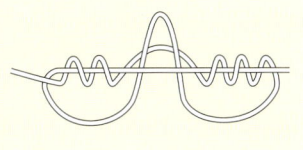

④Bをくぐらせてできた輪の中に通す。

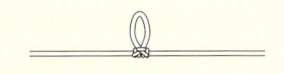

⑤両端をゆっくり引いて締める。

Ⅲ 付録

釣りの道具（竿）

●竿の種類

竿には、釣り方に応じて実にさまざまな種類がある。海釣りで使われるのは、主に磯竿、投げ竿、船竿、そしてより専門的なイシダイ竿、落とし込み竿などがある。淡水釣りには渓流竿、ヘラ竿、アユ竿などが使われる。また、ルアーフィッシング用のルアーロッド、フライフィッシング用のフライロッドなどは、主に淡水で使われるが、海釣りに使えるタイプのものもある。

磯竿
DAIWA EMBLEM ISO

投げ竿
DAIWA HX POWERCAST TV

船竿
DAIWA HZ 剣崎 T

ルアーロッド
TEAM DAIWA BATTLER

ヘラ竿
DAIWA 二代目聖

●振り出し竿と並継ぎ竿

竿を構造から分ければ、まず振り出し竿と並継ぎ竿に分けられる。振り出し竿は竿の元から先端までを一本に収納したもの。並継ぎは竿の元から穂先までが何本かに分かれており、使うときにはつなぎ合わせるタイプだ。

また、最近はガイドを付けずに道糸を竿の中を通す中通しタイプのものもある（従来のガイド付きのものを外ガイドという）。こちらの方が糸がからまるトラブルもなく、初心者には扱いやすい。複雑なので詳しくは購入するときに店の人によく聞いておこう。

●竿の調子

竿の調子とは、竿に重みがかかったときの竿のしなり方のこと。このしなり方の違いによって以下の4つの種類に分けられる。

穂先調子（8：2調子）
竿の先端で敏感なアタリを取るため、渓流の小物やクロダイなど微妙なアタリを感じる必要のある釣りに使われる。

先調子（7：3調子）
やはり竿先でアタリを取るもので、魚の食い込みもよく、幅広く使われる。

胴調子（6：4調子）
投げ竿などに使われることが多い。

元調子（5：5調子）
船釣り、特にイカ釣りなどに使われることが多い。

●竿の取扱い

竿を取り出して使うときは必ず穂先から継いでいくこと。これは並継ぎの竿でも振り出し竿でも一緒。さらにガイドのある竿はそのガイドが1直線に並ぶようにセットする。また逆にしまうときは、元竿から順番にしまっていく（はずしていく）。これも並継ぎ、振り出しともに同じ。特に振り出しザオは、しまうときに砂などが付着していれば、それを拭き取ってからしまうようにしておこう。さらに帰宅してからは真水で洗い、水分を拭き取ったあと陰干しするようにしたい。

釣りの道具（リール）

● リールの種類

　リールには大きく分けてスピニングリール、両軸受けリール、片軸受けリールがある。

　スピニングリールは、海釣り・淡水釣りに関わらず幅広く使われるリール。操作が簡単で海なら投げ釣り、ウキ釣りから船の小物釣りまで対応できるため初心者向き。

　両軸受けリールは、長い糸を巻くことができ、主に船釣りで使われることが多い。電動リールは一般的に両軸受けリールを電力で巻取るようにしたもの。海釣りではイシダイ釣り、淡水ならバスフィッシングで使われる。

　片軸受けリールはスプールを片軸で支えているリールで、クロダイの落とし込み釣りで使われるタイコリールやフライフィッシングのフライリールが代表的。

スピニングリール
DAIWA CALDIA

スピニングリール（投げ釣り用）
DAIWA POWERCAST-S-T

電動リール
DAIWA HYPER TANACOM 500E

両軸リール
DAIWA TANASENSOR-S DX

両軸リール
DAIWA CHINUCHASER HG

Appendix

●リール各部の名称
リール各部の名称は以下の通り。

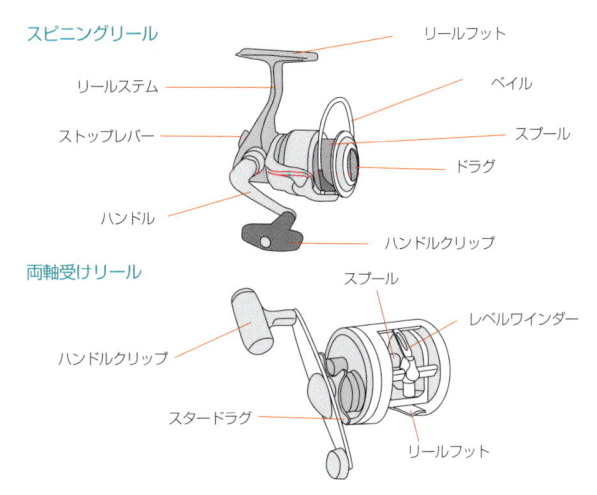

スピニングリール
- リールフット
- リールステム
- ベイル
- ストップレバー
- スプール
- ドラグ
- ハンドル
- ハンドルクリップ

両軸受けリール
- スプール
- レベルワインダー
- ハンドルクリップ
- スタードラグ
- リールフット

●ドラグ
ドラグとは、ある力以上で糸が引っ張られたときに自動的に糸が送りだされるように調節する機構。締めるほど糸は出にくくなる。これは、大きな魚がかかったとき、道糸が切れてしまわないようにするために付けられている。あらかじめ、対象とする魚を考慮に入れて、ドラグを調節しておこう。なお、スピニングリールにはリールの前面にドラグが付いているフロントドラグと後側に付いているリヤドラグがある。

●リールの手入れ
基本的にリールの水洗いは避けよう（ウォッシャブルタイプのものは除く）。帰ったら汚れや塩分をきれいに拭き取ることが必要。もっとも現在のリールは複雑でその手入れ方法も機種によって異なっている。取扱い説明書などをよく読んでそれにそった手入れをすることが大切。

釣りの道具（小物）

●ハリの各部の名称

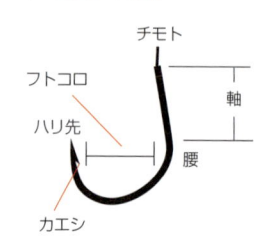

ハリ各部の名称は左の通り。チモトは結んだ糸が抜けないようにする部分。平打ち式のものや環式のものがある。カエシは刺さったハリが抜けないようにするために付けられたもので、付いていないものもある。

●ハリの種類

ハリの種類は、その形状によって大きく丸型、長型、角型の3種類に分けられる。丸型は軸の部分が短くて、フトコロが広いのが特徴。グレバリ、イシダイバリなどが代表的。長型は軸が長くてフトコロが狭い。カレイバリなどの流線系のハリが代表的。そして角型は、腰の部分に角度が付いたもの。スズキバリやハリ先が内側に極端に曲げられたネムリバリも角型のものが多い。

写真提供
株式会社オーナーばり

●糸

釣り糸に使われる糸の素材はナイロン、フロロカーボン、ポリエチレン、ポリエステルがある。それぞれの特徴は以下の通り。

ナイロンは、もっとも広範囲に使われている素材で、伸びることと吸水性があることが特徴。価格も手ごろだが、水中では強度が落ちることが欠点。フロロカーボンは伸びが少なくて、水中で沈みやすい。アタリが取りやすいことから、ハリスに使われることが多い。ポリエチレンはPEライン、新素材とも呼ばれる強度が大変高い素材。船釣り、投げ釣りに使われることが多い。ポリエステルは吸水性、伸びが少なく、強度が高い。

Appendix

●ウキの種類

　ウキは本来エサを対象魚の入るタナに保ち、アタリを目で見られるようにすることが役割。しかし、近年はウキの役割そのものが広がり、また、対象魚に合わせて、専門的なウキが作られていることなどから、その種類は実に豊富になっている。

円錐ウキ

DAIWA センサーフロート PRO

電気ウキ

DAIWA
ルミセンサー
波止

棒ウキ

DAIWA
センサー
スリム

飛ばしウキ

DAIWA
センサー水中

飛ばしウキ

DAIWA
センサー飛ばし

●オモリの種類

　オモリは仕掛けをポイントに沈めてその場所に保ったり、ウキとのバランスを保つことが主な役割。そのため釣法によってさまざまなタイプがある。重さを調整しやすい板オモリやフカセ釣りなどで使われるガン玉、さらに投げ釣りで使われるテンビンオモリ、船釣りで使われる胴付きオモリなどがある。

写真提供　第一精工株式会社

Ⅲ 付録

釣りの知識

●上げ潮と下げ潮

　月と太陽の影響で起こる、海面の上下動が潮の満ち干き（潮汐）。海釣りの場合、釣果はこの潮汐によって大きな影響を受けるのでぜひとも基本的なことは覚えておきたい。まず干潮と満潮はだいたい12時間に1回繰り返される。つまり、およそ6時間に1度満潮、あるいは干潮になるということ。

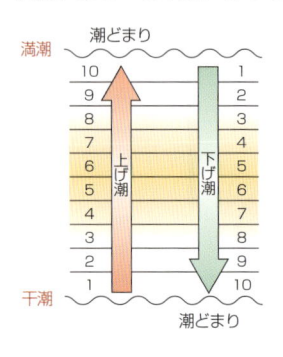

　この満潮から干潮、干潮から満潮へ潮位が変化しているときを、潮が動いているといい、満潮、または干潮になって潮が動いていない状態を潮止まりという。また、干潮から満潮への潮の動きを上げ潮といい、満潮から干潮への動きを下げ潮という。上げと下げをそれぞれ動きを10等分したとき、3分から7分の間が潮がよく動く。

●潮回り

　月と地球と太陽の位置関係によって、干満の差が大きいときと小さいときがある。月、地球、太陽が一直線に並ぶとき、つまり満月または新月のときに干満の差はもっとも大きくなり、大潮という。逆に月と太陽が地球を挟んで直角になるとき、つまり半月になるときに干満の差が小さくなり、小潮のときもある。

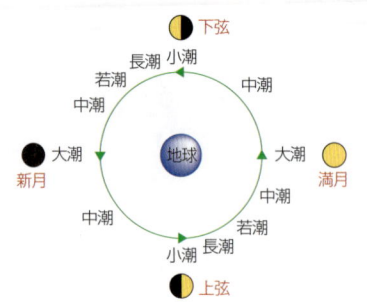

　この大潮から小潮への変化は約15日ごとに繰り返されて、その間中潮、若潮、長潮がある。海釣りでは、やはり潮の動きがある大潮、または中潮のときに魚の活性があがる。

●水温

水温も釣りのための重要なファクターの1つ。それぞれの魚ごとに活性が高くなる水温があり、やはりそれぞれの魚の活性が高いときの水温を狙って釣行したい。また、特に水温に急激な変化があった、すぐのときは活性が一気に落ちてしまうときがあるので注意したい。

●マズメ

1日のうちで魚の活性が高くなる時間帯がある。日の出のころの明るくなってくる時間帯が朝マズメ、そして日が沈んで暗くなってくる時間帯を夕マズメといい、それぞれ、魚の活性が高くなる時間帯とされる。これは、魚のエサになるプランクトンが活発に動き回る時間帯であり、また、明るいときよりも魚の警戒心がゆるむためでもある。

●天気

魚がよく釣れる天気というのは一概には言えないが、どちらかというと曇りで、海釣りなら風があって波がざわついているときのほうがいいだろう。もっとも「メバルはなぎを釣れ」という格言があるように魚によっては、波が静かなときを狙ったほうがいい場合もある。それよりも天気が釣り人にとって大事なのは、天候が釣り人の安全と密接に関わっているからだ。特に海釣りでは波が高くなってきたのに無理に釣っていると命を落としてしまう危険性がある。

天気図の見方

風力
風向き
天気 → 1018
気圧

主な天気マーク

快晴　晴れ　雨　くもり

霧　雪　雷雨　雨つよし

用語集①

あ

アイ ルアーの頭部にあるラインを結ぶための環。

青物 背中が青い回遊魚のこと。アジ、サバ、ブリなど。

あおる 竿を大きく立てること。魚を誘ったり、根掛かりをはずしたり、アワセを入れるときに行う。

赤潮 プランクトンが異常発生し、赤くなった海。魚は酸欠状態に陥る。

荒食い 魚の活性が高まり、警戒心もゆるんでエサを次から次へと食べている状態。

上げ潮 満ち潮のこと。干潮から満潮までのことをいう。反対に満潮から干潮までを下げ潮という。

アタリ 魚がサシエを食べたときに、ウキまたは竿に伝わる反応のこと。

アワセ アタリがあったときに、ハリに魚が掛かるように竿を動かすこと。

アワセ切れ 合わせた瞬間に糸が切れてしまうこと。

アンドンビシ ビシ釣りにときに使われるオモリ付きのコマセカゴのこと。

石物 イシダイとイシガキダイのこと。

イカダ 板で組まれ、内湾などに浮かべられた釣り場のこと。

居着き あちこち移動しないで一つの場所に住みついている魚のこと。

移動ウキ 固定ウキの場合、竿の長さより深いタナを釣ると魚がとり込みにくい。そこでウキ止めなどを使いウキ下が自由に変わるようにし、深いタナも探れ、とり込みもしやすくした仕掛け。

イトフケ ミチイトが風などに流されてたるんでいる状態。わざと出す場合もある。

入れ食い 仕掛けを投げ入れるたびに魚が釣れること。

ウキ下 ウキからハリまでの長さ。

Appendix

ウキ止め 移動ウキの場合に、狙った深さにウキを止めるための道具。

上物 メジナ、ハマチなど中層から上層で釣る魚のこと。

餌木 イカを釣るために使われる擬似バリ。

エギング 餌木を使って行うイカ釣りのこと。

エサ取り 対象とする魚がいるタナにサシエが届く前に、サシエを食べてしまう小魚。

エダス 1本のハリスに枝のように付けるハリスのこと。枝ハリスともいう。

枝バリ エダスに付けられたハリ。

エラ洗い ハリに掛かった魚が水面でエラブタを広げながら、ジャンプすること。これでハリスが切られてしまうことがある。スズキがエラ洗いをする代表的な魚。

追い食い ハリがいくつかついた仕掛けのとき、1尾の魚が掛かってもそのまま待って、次の魚を掛けること。

大潮 月のうちでもっとも干満の差が大きい潮のこと。満月、新月のとき。

送り込み アタリがあった後、糸あるいは穂先を送り込み、魚の食い込みをよくしてやること。

落ち 冬になり水温が低下していくとき、魚が浅場から深場に移動していくこと。「落ちギス」などと使う。

オデコ 魚が一匹も釣れずに終わること。ボウズともいう。

オマツリ ほかの釣り人と仕掛けがからんでしまうこと。

オモリ負荷 竿に適したオモリの重さの指標。

親バリ 泳がせ釣りなどで2本のハリを使うとき、主となるハリのこと。

泳がせ釣り 生きた小魚をエサにして、その魚を泳がせることで、大型の魚を狙う釣り方。

オンス 重量を表す単位。1オンス＝約28グラム。ルアーフィッシングでルアーの重さなどを表すときによく使われる。

Ⅲ 付録

用語集②

か

ガイド リール竿に一定の間隔で付けられているミチイトを通す輪のこと。

替え穂竿 オモリ負荷が違う交換用の穂先がついた竿のこと。

回遊魚 季節により海流にのって移動してくる魚のこと。

かかり釣り いかりで固定したボートなどから狙うクロダイ釣りのこと。

カケアガリ 海底が斜面になっている部分。

カゴ サビキ釣りなどでマキエを入れるカゴのこと。

カッタクリ イナダなどを狙うときに使う擬似バリの一種。

片テン仕掛け 片テンビンを使ってオモリ、コマセカゴを付けた仕掛けのこと。

片軸受リール 木ゴマリールやフライリールなどスプール本体が回転し、その軸が片方にしかないリール。

カミツブシ（カミシズ） 割れ目の入った小型のオモリ。歯でかんで糸に固定する。

ガン玉 球形の小さなカミツブシ。

聞く アタリがはっきりしないとき、少しミチイトを張って魚が食っているかどうかを確認すること。

擬似バリ エサに形状を似せて作られたルアーなどのハリのこと。

汽水域 川の河口で、海水と淡水が混じりあった場所。

キビレ キチヌともいう。クロダイの仲間で尾びれや尻びれが黄色い。クロダイに比べ体高がある。

ギャフ 魚を取り込むためのカギ針の付いた棒。青物やイカなどを取り込むときに使う。

食い 魚がエサを食べる状態。

食い渋り 魚がエサをなかなか食べない状態。

蛍光ライン 糸に蛍光色がついたもの。

外道 目的外の魚。

ケン付きバリ エサが落ちるのを防ぐためにハリの背にカエシを付けたハリのこと。

固定ウキ ウキを糸に固定して使うこと。

さ

先糸 道糸の先に結ぶ糸のこと。ショックをやわらげる役目などを果たす。ショックリーダーともいう。

先調子 先端のほうがよくしなるように作られている竿。

サシエ ハリに付けるエサのこと。

誘い 仕掛けをゆっくりと上げ下げして、魚の食い気を刺激すること。

サビキ 魚皮などで作られた擬似バリの一種。

サラシ 岩などにあたった波が泡立って白くなっている状態。

サルカン 糸と糸をつなぐときに使われる接続具。糸にヨリができないように作られている。ヨリモドシともいう。

時合い 一日のうちで魚の食いが立つ時間のこと。朝マズメや夕マズメが多い。

潮だるみ 潮があまりうごかない状態のことを指す。満潮や干潮のときで、もっとも水位が高く、あるいは低くなっているとき。

潮通し 潮の流れのこと。

潮目 異なる流れの潮が接して、流れに変化のあるところ。

自動ハリス止め ハリスを挟むことで固定できる接続具。

シモリ根 海面下にある岩礁など。

集魚板 魚を誘うために付けられる金属の板のこと。

新素材ライン PEライン、ポリエチレンラインのこと。

仁丹シズ ガン玉より小さなカミシズ。

尻手ロープ 魚が掛かったときに置き竿が、水中に持っていかれないようにするために竿に付けるロープのこと。

捨て石 突堤などの周辺に礎石として沈められている石のこと。魚の格好の付き場となる。

用語集③

- **ストリンガー** 釣り上げた魚のあごに通して、生かしたままつないでおく用具。
- **砂ズリ** からみをふせぐためにハリスを編み込んだ部分。投げ釣りの仕掛けで使われる。
- **スプール** リールの糸を巻とる部分。
- **スレ** 魚の口以外の部分にハリが掛かること。
- **側線** 魚の体の横に走る音を感じ取る器官。
- **底どり** オモリが海底に着くこと。また、オモリなどの仕掛けを海底に沈める行為のこと。
- **底物** 海底を狙って釣る魚のこと。主にイシダイなどの磯魚のことをいう。
- **ソフトルアー** 軟らかい素材でできたルアーのこと。ワームなどをいう。

た

- **タイコリール** 両軸受リールや片軸受リールなどタイコ型のリールのこと。
- **高切れ** 道糸から切れてしまうこと。仕掛けのほとんどがなくなってしまう。
- **タコベイト** タコに似せた擬似餌。深海釣りに多用される。
- **タチ** 水深のこと。
- **立ち込み釣り** ウェーダーを着用して、海の中に入り込んで釣ること。
- **タナ** 魚の泳ぐ層のこと。
- **タナ取り** 狙う魚の泳ぐ層にエサが届くようにすること。
- **ダブルライン** 2重にして強度を高めた糸のこと。
- **ためる** 竿の弾力を利用して魚の強い引きに耐えること。
- **力糸** 投げ釣りなどで、仕掛けを投げるときに糸が切れてしまうのを防ぐための糸のこと。
- **チモト** ハリのハリスを結ぶ位置。
- **直結** 糸と糸を接続具なしで直接結ぶこと。
- **釣り座** 釣るために竿を出す場所。
- **ツノ** 海釣りで使われる擬似バリの一種。

テーパーライン 1本の糸の両端で太さが違う糸のこと。
手返し エサを付けて、仕掛けを振り入れて、そして、巻取ってエサを付けるという動作のこと。
テグス 釣り糸のこと。
手前マツリ 自分で自分の仕掛けを絡めること。
電気ウキ リチウム電池などを内蔵し、ウキそのものが発光するウキ。
テンビン 仕掛けとミチイトの間に付ける金具。
胴調子 竿の中間部分が大きくしなるようにつくられた竿。
年無し 年齢が判別できないほど成長した魚。
飛ばしウキ 仕掛けを遠くに飛ばすために付けるウキ。
ドラグ 魚の引きが一定以上の強さになると、リールのスプールから糸が出るように調整する装置。
鳥山 小魚が海面近くに群れているのを、海鳥が狙って数多く集まっている状態。

な

中通しオモリ 中央に穴が開いており、その中に糸を通して使うオモリ。
中通し竿 竿の内部に糸を通せるようになっている竿。
ナギ 風がなく、海が静かな状態。
渚釣り 砂浜からクロダイを狙うウキ釣り、あるいはミャク釣りの一種。
ナブラ 小魚の群れ。
にが潮 赤潮のこと。
濁り 風雨や波により潮の透明度が下がること。魚、特にクロダイなどの警戒心が強い魚は濁りがあるほうが釣果が期待できる。
二枚潮 上層と下層で違う向きに潮が流れること。マキエとサシエを同調させづらくなる。
根掛かり ハリなどが海底の障害物に引っかかってしまい、仕掛けが回収できなくなること。
乗っ込み 魚が産卵のために浅場に近づいてくること。

用語集④

は

バーブレス カエシがないハリのこと。

パーマ 糸に不自然なクセがつくこと。

薄明薄暮 明け方や夕方のぼんやりした明るさのこと。また、その時間帯。

バケ 魚皮などを付けてエサに見せかけた擬似バリ。

バックラッシュ ベイトリールで仕掛けを投げたとき、スプールの回転が、道糸の出るスピードよりも速くなり、糸が絡んでしまうこと。

早アワセ アタリがあるとすぐにアワセること。

払い出し 潮が沖に向かって流れているところ。

ばらす ハリ掛かりした魚がタモ入れする前に、ハリがはずれたり糸が切れて逃げてしまうこと。

ハリス ハリに直接結ぶ糸。

半夜 夕方ごろからだいたい3～4時間ぐらいまでの時間。

PEライン ポリエチレン製のライン。編まれているため、よれにくく、強度があって、伸びがすくない。

引き釣り 仕掛けをゆっくりと動かして、魚を誘う釣り方。船釣りで船を動かして釣るときや投げ釣りでリールを巻きながら釣るときにいう。

ビシ 鉛のオモリまたは、鉛のオモリを付けたカゴのこと。

フカセ釣り オモリをまったく、あるいはごくわずかしかつけずにハリとエサだけで釣ること。

太仕掛け 大型魚が掛かってもばれないようにハリスを太くした仕掛け。

フロロカーボン ミチイト、またはハリスの素材の1つ。ナイロン製の糸に比べ比重があり、吸水性や伸びが少ないのが特徴。

ヒロ 両手を左右に伸ばしたときの長さを表す。約1.5m。

ボウズ 一匹も釣れずに終わること。

ま

マキエ 魚を寄せるために海に撒くエサのこと。コマセ、ヨセエともいう。

マズメ 日の出や日の入前後の最も魚の食いの立つ時間帯のこと。日の出の頃を朝マズメ、日の入の頃を夕マズメという。

松葉ピン 松の葉のような形状をした接続具。エダスを出すときなどに使われる。

ミオ 船の通り道。

ミキイト エダスを付ける元となる糸のこと。モトスともいう。

ミチイト 仕掛けと竿をつなぐための糸。

ミャク釣り 軽いオモリだけの仕掛けで釣る方法。アタリは竿先や手のひらでとる。

向こうアワセ 魚が動いてハリ掛かりするのを待つこと。

むき身 アケミ貝をカラからとりだして使うときの呼び名。

ムシエサ ミノムシ、アオイソメなど環虫類のエサをさす。

本調子 竿の根元近くが大きくしなるように作られている竿。

や

矢引き 弓をひくときの両の手の幅を示す長さ。だいたい半ヒロよりも少し長い。

遊動ウキ 移動ウキと同意。

Uガイドロッド 落とし込み釣りや前打ちで使われるガイドの径が小さい竿。糸ふけが少なく、アタリをとりやすい。

ヨセエ マキエ、コマセと同意。

ヨブ 砂底の起伏のこと。

ら

リアドラグ ドラグがリールの後ろに付いているリールのこと。

両軸受リール タイコリールのうち回転軸を両側から支えているリール。

レバーブレーキ スピニングリールに使われる機能の1つで、リールの回転をレバーを握ることによって制御する装置。

釣行記録

釣行日		釣り場	

天気	風	潮	エサ

釣果			備考

釣行日		釣り場	

天気	風	潮	エサ

釣果			備考

釣行日		釣り場	

天気	風	潮	エサ

釣果			備考

釣行日		釣り場	

天気	風	潮	エサ

釣果			備考

釣行日		釣り場	

天気	風	潮	エサ

釣果			備考

釣行日		釣り場	
天気	風	潮	エサ
釣果			備考

釣行日		釣り場	
天気	風	潮	エサ
釣果			備考

釣行日		釣り場	
天気	風	潮	エサ
釣果			備考

釣行日		釣り場	
天気	風	潮	エサ
釣果			備考

釣行日		釣り場	
天気	風	潮	エサ
釣果			備考

釣行記録

| 釣行日 | 釣り場 |

| 天気 | 風 | 潮 | エサ |

| 釣果 | 備考 |

| 釣行日 | 釣り場 |

| 天気 | 風 | 潮 | エサ |

| 釣果 | 備考 |

| 釣行日 | 釣り場 |

| 天気 | 風 | 潮 | エサ |

| 釣果 | 備考 |

| 釣行日 | 釣り場 |

| 天気 | 風 | 潮 | エサ |

| 釣果 | 備考 |

| 釣行日 | 釣り場 |

| 天気 | 風 | 潮 | エサ |

| 釣果 | 備考 |

釣行日		釣り場	
天気	風	潮	エサ
釣果			備考

釣行日		釣り場	
天気	風	潮	エサ
釣果			備考

釣行日		釣り場	
天気	風	潮	エサ
釣果			備考

釣行日		釣り場	
天気	風	潮	エサ
釣果			備考

釣行日		釣り場	
天気	風	潮	エサ
釣果			備考

釣行記録

| 釣行日 | 釣り場 |

| 天気 | 風 | 潮 | エサ |

| 釣果 | 備考 |

| 釣行日 | 釣り場 |

| 天気 | 風 | 潮 | エサ |

| 釣果 | 備考 |

| 釣行日 | 釣り場 |

| 天気 | 風 | 潮 | エサ |

| 釣果 | 備考 |

| 釣行日 | 釣り場 |

| 天気 | 風 | 潮 | エサ |

| 釣果 | 備考 |

| 釣行日 | 釣り場 |

| 天気 | 風 | 潮 | エサ |

| 釣果 | 備考 |

釣行日		釣り場	
天気	風	潮	エサ
釣果		備考	

釣行日		釣り場	
天気	風	潮	エサ
釣果		備考	

釣行日		釣り場	
天気	風	潮	エサ
釣果		備考	

釣行日		釣り場	
天気	風	潮	エサ
釣果		備考	

釣行日		釣り場	
天気	風	潮	エサ
釣果		備考	

釣れる仕掛け 最新ガイド

2020年3月26日 再版

編　集	釣り場探究会
発行者	隅田直樹
発行所	株式会社　リベラル社

〒460-0008
名古屋市中区栄3-7-9
新鏡栄ビル8F
ＴＥＬ　052-261-9101
ＦＡＸ　052-261-9134

発　売　　株式会社　星雲社
　　　　　（共同出版社・流通責任出版社）

〒112-0005
東京都文京区水道1-3-30
ＴＥＬ　03-3868-3275

©Liberalsya. 2003　Printed in Japan
落丁乱丁本は送料弊社負担にてお取り替えいたします。
ISBN978-4-434-03038-3　　126159